ROME

ET

LA CAMPAGNE ROMAINE

ROME, VUE DU CLOITRE DE SAINTE-SABINE.

BIBLIOTHÈQUE

DES ÉCOLES ET DES FAMILLES

ROME

ET

LA CAMPAGNE ROMAINE

PAR

JULES GOURDAULT

PARIS

LIBRAIRIE HACHETTE ET Cie

79, BOULEVARD SAINT-GERMAIN, 79

1885

ROME

ET

LA CAMPAGNE ROMAINE

PREMIÈRE PARTIE

ROME

CHAPITRE PREMIER

L'Apennin toscan et la source du Tibre. — A travers les bassins du haut fleuve. — Anecdotes classiques et souvenirs. — Du confluent de la Néra à celui de l'Anio et à Ripa Grande. — Première impression; la via Nazionale. — Origine et construction de la ville antique. — Phases architecturales. — Au temps de Claudien et de Rutilius. — La Rome d'Or.

I

Connaissez-vous le beau massif de montagnes qui s'élève à l'est de Florence, et dont l'Arioste et Milton tour à tour ont chanté la grâce et la poésie? Là le relief enchevêtré de l'Apennin, qui à partir de la côte ligurienne s'est éloigné de plus en plus de la mer pour couper de biais le centre de l'Italie, présente aux regards trois murailles distinctes.

La plus orientale est formée par la ligne de faîte principale que jalonnent, du nord au midi, les sommités du Falterona, du Comero et des Alpes de la Lune. Celle du milieu est le rameau des monts de Catenaja, qui se prolonge jusqu'aux environs d'Arezzo. La troisième enfin, la plus proche de Florence, est ce contrefort du Prato Magno, dans les replis verdoyants duquel nichent, aux deux versants, les ex-abbayes toujours visitées de Vallombreuse et des Camaldules.

Des brèches ouvertes entre ces hauteurs s'échappent deux cours d'eau qui, après avoir cheminé quelque temps dans un sens tout à fait parallèle, se séparent brusquement l'un de l'autre pour gagner la mer Tyrrhénienne par des routes diamétralement opposées. Le premier de ces fleuves est l'Arno. Né au pied du Falterona, il commence par couler droit au sud, séparé de son frère jumeau par le mur mitoyen du Catenaja ; puis, un peu en deçà d'Arezzo, il se jette soudain vers l'ouest pour contourner en une vaste courbe le revers du Prato Magno et se diriger au nord sur Florence. La seconde rivière est le Tibre (*Tevere*), qui prend sa source à douze cents mètres environ d'altitude, dans l'angle aigu que forment ensemble les monts de la Lune et de Catenaja.

Si jamais vous allez d'Urbino à Pérouse par le pittoresque chemin de voitures qui remonte la vallée du Métaure et franchit lesdites Alpes de la Lune au froid plateau qu'on nomme la *Bocca*, vous apercevrez tout à coup à vos pieds, dans la belle plaine de San Giustino, le sillon tracé par le fleuve naissant. Rien de plus épique en sa variété que la succession de paysages où s'encadre cette partie de son cours. En haut, sur le double front de montagnes qui délimite les côtés du bassin, règne la cime sauvage et revêche, le *crudo sasso* dont nous parle Dante ; en bas, appuyé à ces remparts parallèles, moutonne un écheveau de charmantes collines décorées d'une végétation enchanteresse.

A Borgo San Sepolcro, le Tibre, — ou plutôt l'Albula pour lui rendre ici, près de son berceau, sa dénomination primitive, — est déjà tombé de plus de huit cents mètres. Il quitte alors les enceintes alpestres proprement dites pour entrer dans un autre bassin de cinq ou six kilomètres de large et de vingt de long, ancienne coupe lacustre disposée en amphithéâtre où se trouve la petite ville de Città di Castello (l'ex-*Tifernum Tiberinum*), sise à deux heures environ de Borgo. Pline le Jeune nous a laissé de ce pays, où il possédait un domaine, une description des plus séduisantes.

Passé la *Sovara*, un des premiers torrents de montagne qui, selon l'expression usitée là-bas, « donnent à boire » à la jeune rivière, la vallée n'est plus en maint endroit qu'une *cluse* étranglée, où l'onde se fraye avec peine un passage à travers les roches; mais elle s'élargit derechef au-dessous de Pont-Saint-Jean, non loin de la colline escarpée qui porte la pittoresque Pérouse. Là s'ouvre devant le fleuve, à une altitude qui n'est plus que de 166 mètres, une magnifique plaine de huit lieues de large au début, véritable jardin de l'Ombrie, semé de vieilles cités haut perchées et parcouru d'innombrables ruisseaux. Parmi les affluents qu'y reçoit le Tibre, et dont le plus fort est le Topino (l'ancienne *Tinea*), figure ce fameux Clitumne, dont la source sacro-sainte était réputée, au temps de Virgile, avoir la vertu, aujourd'hui perdue, de donner au pelage des troupeaux qui s'y abreuvaient un lustre d'une blancheur éclatante.

De là le fleuve, obliquant à l'ouest par une sorte de défilé transversal, paraît vouloir un moment se frayer un chemin raccourci vers la mer; mais, à peu de distance d'Orvieto, à 96 mètres d'altitude, il est de nouveau refoulé au sud par l'afflux de deux tributaires importants, la Paglia, grossie elle-même d'un rameau de la Chiana (le *Clanis* des Romains). Dans l'antiquité, le drainage naturel du val de Chiana se faisait en majeure partie par le Tibre, et il semble qu'il y ait eu alors une ligne de navigation continue entre Florence, Arezzo et Rome. Une chose certaine, c'est que, du temps de Tacite, la pente principale de toute la région était vers le sud, et nous savons que, l'an 15 de notre ère, une motion fut présentée au Sénat en vue de détourner vers le territoire étrusque un excédent d'eaux qui avait pour effet d'aggraver les crues déjà si redoutées du Tibre romain. Les Toscans protestèrent vivement, et l'on ne donna pas suite à l'idée. Au moyen âge, la question fut reprise, mais sans résultat, chacun des deux états en cause s'obstinant à renvoyer au voisin le trop-plein aqueux du plateau limitrophe. Pendant ce temps, les torrents du pays continuant de charier leur limon, tout ce district jadis si prospère d'Arezzo et de Cortone se changea en un affreux marécage. Enfin les Toscans se virent contraints d'aviser;

les terres furent colmatées sur 200 kilomètres de superficie, des bassins d'épuration établis, et des émissaires creusés dans la plaine. Aujourd'hui, grâce à ces travaux, dont l'achèvement ne date que de notre siècle, le seuil du terrain se trouve rectifié, la ligne de partage des eaux rejetée à quatre lieues plus au sud, et la Chiana, par sa branche maîtresse, n'est plus qu'un affluent de l'Arno.

Dans sa courbe à l'ouest dont je viens de parler, le Tibre atteint, au-dessous d'Orvieto, la voix ferrée qui vient de Sienne et de Florence en passant au pied des hauteurs circulaires qui enserrent ce beau lac de Trasimène illustré par la lutte épique d'Annibal et du consul Flaminius; puis, un peu en avant d'Orte, point où le railway du versant tyrrhénien se raccorde à celui de l'Adriatique, il voit lui arriver une rivière qui rivalise presque avec lui pour l'importance du volume liquide : c'est la tortueuse Néra, enflée dans ses gorges extrêmes de toute une gerbe de torrents issus comme elle des monts sabelliens, la Cornia, le Velino, le Salto et le Turano.

Il y a un peu plus de deux mille ans, ce confluent fluvial n'avait pas, tant s'en faut, l'importance qu'il a acquise de nos jours. La plus grosse masse des ondes tributaires ne parvenait pas jusqu'au Tibre; elle s'arrêtait dans la plaine de Réate (Rieti) pour y former un vaste épanchement, le *lacus Velinus*, dont il ne reste plus à présent que quelques étangs et marais épars au milieu des cultures. Ce sont les Romains qui, près de trois siècles avant Jésus-Christ, ont ouvert dans les roches calcaires en amont de Terni la brèche par laquelle le Velino se précipite, de 200 mètres de hauteur, — les cascades de Marbre, comme on nomme ces chutes, — pour aller ensuite se verser dans le lit de la Néra.

II

Au-dessous d'Orte commence le cours inférieur du Tibre, devenu désormais navigable, en dépit de ses remous dangereux et de sa pente toujours accentuée. La rivière pénètre au pays des Véiens et chemine près de la voie ferrée, qui la franchit à plusieurs reprises.

CASCADES DE TERNI.

La largeur de la vallée varie ici d'un à trois kilomètres. A quatre lieues environ de la Néra, se trouvait jadis le pont d'Auguste par lequel la *via Flaminia* enjambait le fleuve vers *Utriculum*, la bourgade moderne d'Otricoli, qu'on aperçoit sur son éminence. La banlieue bâtie de la Rome impériale s'étendait, paraît-il, jusqu'à ce village, où l'on

LA CAMPAGNE AU NORD DE ROME.

entrait en terre ombrienne. Aujourd'hui, le désert y commence. Nous voici dans la *Campagna*. Adieu les verts paysages d'amont et les fraîches gorges où les eaux mugissaient. Le peuplier disparaît tout à coup, et le Tibre, entre ses hautes berges entrecoupées çà et là de croulières, décrit des sinuosités infinies, comme s'il ne se hasardait qu'à regret au travers de ces mornes districts. Sa principale courbe est celle qu'il dessine précisément autour du Soracte, dont la pyramide à six déchirures se dresse, solitaire, au milieu de la plaine.

Là le cours d'eau reçoit, entre autres ruisseaux descendant de la Sabine, l'Aja, la Farfa (le *Farfarus* d'Ovide) et le Fosso di Correse; puis il s'engage, à 22 mètres seulement d'altitude, dans la région volcanique de Rome, pour y couler au travers d'un bassin large de trois quarts de lieue ou d'une lieue. De petites roches aux formes étranges accidentent les flancs allongés des collines. Dans la plaine, hérissée çà et là de buissons rabougris, les troupeaux de bœufs gris vont se multipliant, gardés par des pâtres à cheval et la lance en main, comme du temps d'Évandre. De grands chiens blancs courent à leurs côtés.

De plus en plus les méandres du fleuve infléchissent vers l'ouest. Là-bas, à gauche, voici le mont Gennaro; à sa suite, et comme en demi-cercle, les hauteurs de Tibur, la vallée de l'Anio et les monts Albains; mais on ne distingue pas encore à l'horizon le dôme de Saint-Pierre. L'Allia cependant est franchie; le fleuve s'éloigne derechef du chemin de fer pour se rapprocher de l'ancienne voie Flaminienne; puis, par une nouvelle série de courbes, il se porte à la rencontre de l'Anio (Teverone), qui lui arrive tout ému encore de son terrible saut de Tivoli.

C'est sa suprême recrue importante; désormais il est tout formé, prêt à faire majestueusement son entrée dans la Ville Éternelle. Une lieue plus loin, au Ponte Molle (l'ancien pont Milvius), point où sa nappe mesure 144 mètres de largeur, il dessine encore une molle inflexion qui est son dernier repli suburbain, à 7 mètres sans plus d'altitude; puis, filant vers la porte du Peuple, distante seulement de 3 kilomètres, il pénètre dans Rome, où ses ondes toujours jaunes de l'argile délayée au travers des plaines ombriennes, — *flavus Tiberis*, comme nous dit Horace, — et déjà tuméfiées par le flot de marée qui arrive d'Ostie, contournent en deux immenses boucles, longues ensemble de 4500 mètres et figurant une *S* renversée, le Champ de Mars et les Sept Collines, pour aller enfin, à quatre lieues de là, se perdre dans la mer, après un cours total de 397 kilomètres.

Laissons le grand fleuve poursuivre sa marche vers la plage envasée et malsaine où il étreint de ses deux bras mourants la lande

LE TIBRE AU-DESSOUS DU PONTE MOLLE.

déserte qu'on appelle l'île Sacrée, et revenons en deçà de l'Anio pour faire, à notre tour, notre entrée dans la ville des Césars et des Papes par le chemin ordinaire des touristes.

III

Passé le confluent de l'Allia, le chemin de fer range à gauche une ferme en hauteur, appelée Castel Giubileo, qu'on suppose occuper l'emplacement de l'ancienne Fidènes, et franchit, lui aussi, le Teverone (Anio). L'aperçu splendide qu'on a eu un instant sur les monts d'Albe et de la Sabine se dérobe aux regards; le train s'enfonce dans une tranchée pour se rapprocher de l'enceinte d'Aurélien, et, par un brusque détour à l'ouest, aboutit enfin à la place des Thermes. Vous voyez tout de suite sur la gauche le haut clocher de Sainte-Marie-Majeure, plus loin, à l'extrémité de son faubourg, la basilique de Saint-Jean de Latran; puis vous entrez dans une large rue plantée d'arbres, bordée d'hôtels luxueux, de magasins modernes et de vulgaires maisons « de rapport ». C'est la nouvelle via Nazionale, qui relie le quartier de la gare à la place de Venise, centre de la vieille ville.

Cette Rome qui vous souhaite ici la bienvenue n'est donc pas tout à fait la cité antique des Césars ni la Rome sacro-sainte des papes; c'est la capitale du royaume d'Italie, frappée à l'effigie du présent, canalisée, pavée, nettoyée par les édiles entrés en charge depuis le 20 septembre 1870. L'ancienne rue de la porte Pie, qui est là tout près à votre droite, s'appelle *via di Venti-Settenbre*; à côté, l'ex-place Barberini est devenue la *piazza di Bersaglieri;* un peu plus loin, sur le Pincio, se dresse la statue équestre de Victor-Emmanuel, et partout, au front des édifices, apparaît la croix d'argent sur fond rouge, emblème de la maison de Savoie.

Mais contournez le Viminal, et prenez une des rues transversales qui filent dans la direction du sud: vous arrivez bientôt au revers d'une âpre colline, partagée en deux crêtes, et dont l'aire inégale est couverte de palais, de statues et de cloîtres; en face d'elle vous apercevez une autre éminence carrée que revêt un chaos de débris et de jardins; puis, dans le creux qui sépare les deux monts, une scène grandiose de dévastation saisit vos regards, qui ne s'en détachent plus : ce sont des reliefs de monuments de toute sorte, colonnes, portiques, arcades, piédestaux, les uns debout, les autres couchés, dans un pêle-mêle qui d'abord déconcerte. On dirait

LE TIBRE AU COUDE DU CHAMP DE MARS.

d'une ville entière sens dessus dessous. Aucun souffle de vie dans ce désert de ruines; çà et là seulement un pèlerin songeur assis sur quelque fût de pilier.

Où sommes-nous? vous l'avez deviné : cette colline à pic, c'est le Capitole; cette autre montagne, c'est le Palatin; ce désert de ruines, le *Forum romanum*.

Il fut un temps où tout le territoire qui s'étend d'ici à Ostie offrait l'aspect d'un vaste golfe, d'où les fameuses collines de Rome émergeaient comme autant d'îlots; puis la mer se retira et le Tibre, à son tour, se creusa un sillon à travers ces campagnes du Latium; mais son lit ne fut pas d'abord bien fixé. Longtemps toutes les par-

RUINES DU PALATIN.

ties basses du sol, le Champ de Mars, le Forum, la dépression dite *vallis murcia*, entre l'Aventin et le Palatin, que le grand Cirque occupait tout entière, demeurèrent sous la dépendance du fleuve, qui s'y épandait à sa fantaisie, et qui ne laisse pas encore d'y revenir plus souvent que ne le voudraient les riverains[1].

Sans nous attarder au siècle brumeux d'Ascagne fils d'Enée, qui, d'après les légendes recueillies par Virgile, aurait bâti Albe la Longue sur une crête du Monte Cavo actuel, nous remarquerons seulement au passage que, si l'on compare au site choisi pour cette première métropole du Latium celui d'où Rome sortit par la suite, on constate un progrès de civilisation. Albe était une cité haut juchée, qui n'avait souci que de la défensive, absolument comme les châteaux forts des barons de l'âge féodal. Rome, au contraire, fondée au point le plus favorable d'une magnifique vallée fluviale, dans un bassin bien délimité, au centre d'un cirque de collines ni trop hautes ni trop basses, qu'il n'était pas malaisé d'enceindre, procédait à la fois d'une idée politique et d'une préoccupation commerciale. Par sa position, c'était tout ensemble un *emporium* et un *castellum*, un marché et une place de guerre. Le Tibre, bien plus navigable autrefois qu'aujourd'hui, était un chemin de trafic tout fait, appelant à lui les denrées des fertiles régions situées en amont. La mer voisine n'offrait pas, il est vrai, des côtes très hospitalières, mais on pouvait améliorer ce port d'Ostie qui était l'émissaire le plus proche du négoce, et ce fut une tâche à laquelle les Romains n'eurent garde de manquer.

Placée à la frontière commune de trois grandes nationalités (Latins, Sabins et Étrusques), la nouvelle ville était donc un centre dans la plus complète acception du mot, doublement un centre, on peut le dire, puisqu'elle occupait le point médian de l'Italie, et que l'Italie occupait elle-même le site médian de la Méditerranée qui était alors, comme elle tend à le redevenir de nos jours, grâce au percement de l'isthme de Suez, la grande route commerciale du monde.

Le berceau primitif de la cité, ce fut, on le sait, le mont Palatin; c'est là que s'éleva la Rome carrée, la *Roma quadrata* de Romulus,

1. Voyez ci-après, chapitre V.

dont on a exhumé récemment quelques restes de murs. Puis, sous Titus Tatius, les Sabins s'établissent sur deux des collines voisines, le Capitolin et le Quirinal. Survient la fusion des deux États, et, partant, la réunion des deux villes. Alors on agrandit le Pomœrium, et le centre de l'agglomération urbaine se trouve transféré dans la vallée intermédiaire, c'est-à-dire sur le Forum, qui se formait peu à peu, et la voie Sacrée, qui le traversait. De bonne heure aussi, la petite éminence de la Velia, accotée au mont Palatin, se garnit de sanctuaires et d'édifices. Là se trouvaient notamment plusieurs habitations royales, le temple de Jupiter Stator, les Pénates, le commencement de la *via Nova* et la maison de Valérius.

Plus tard, on adjoint à la ville les monts Cælius et Aventin, avec la plaine sise dans l'intervalle : puis Servius Tullius y englobe encore deux nouvelles hauteurs, le Viminal et l'Esquilin, régions dans lesquelles se trouvaient les quartiers de *Suburra* et des *Carinæ*, qui devinrent bientôt des plus populeux. Enfin, le dernier Tarquin, après sa victoire sur les Volsques, achève le temple de Jupiter Capitolin, et la soumission des Latins est suivie de la construction du temple de Castor et Pollux.

Cette première Rome ayant été presque entièrement anéantie par les Gaulois, dont le triomphe fut beaucoup plus complet que ne l'avouent certains historiens, on la rebâtit de pièces et de morceaux, tumultuairement, tout à fait au hasard, et elle devait garder dans son ensemble ce caractère désordonné et confus jusqu'à l'époque où Néron l'incendia et la reconstruisit à son tour.

Quand le péril d'Annibal eut été conjuré et que les Romains n'eurent plus à craindre une surprise de l'ennemi, la population toujours croissante se mit à refluer hors des murs, et il se forma un cercle de faubourgs, surtout aux portes où le commerce était le plus actif, c'est-à-dire du côté du Champ de Mars et du Tibre, puis sur la rive opposée du fleuve, où, vers la fin de la république, était né un quartier annexe d'une grande importance qui rendait de plus en plus nécessaire la création de nouveaux ponts. Un fort noyau d'habitants se fixa aussi sous la *porta Trigemina*, au pied de l'Aventin, endroit où il y avait un marché et toutes sortes d'établissements, magasins de sel, entrepôt de bois et de pierres apportés d'Ostie en bateau. Il en fut de même à la porte Capène, par où passait la voie Appienne.

Cette période de l'histoire de la ville est également celle où édiles et censeurs rivalisent de zèle en fait de constructions utiles au public. Les basiliques du Forum sortent de terre; les temples se multiplient de toutes parts; on crée des marchés, des ponts, des aqueducs, des routes militaires : immense outillage civilisateur destiné à soumettre l'Italie, et, par l'Italie, le reste du monde. Puis, la richesse des nobles s'accroissant de plus en plus, le goût s'affine et le luxe se développe; c'est à qui maintenant reproduira les modèles de la belle architecture hellénique; aussi de jour en jour l'aspect de Rome se fait-il plus somptueux.

IV

Nous voici à l'époque de Pompée et de César. Pompée est le premier particulier qui édifie un théâtre pour le peuple. A cette fastueuse innovation de son rival, César répond par l'établissement de son Forum et l'érection de la basilique Julienne. Il avait en tête bien d'autres projets; la mort l'empêcha de les réaliser; mais ils furent en partie repris par Auguste, qui transforma splendidement le Forum, le Capitole, le Champ de Mars, si bien qu'il put dire qu'il avait trouvé une ville de boue, et qu'il laissait une ville de marbre. Plusieurs membres de sa famille luttèrent de magnificence avec lui; ce fut ainsi que son gendre Agrippa bâtit le Panthéon.

Déjà le Palatin s'était couvert d'opulentes résidences; Crassus, Cicéron, Catilina, Marc-Antoine y avaient eu des habitations fastueuses. Tibère, lui, commença d'y élever les fameux *palais* impériaux, que Caligula, son successeur, joignit par un pont au Capitolin, et auxquels Néron ajouta sa Maison Dorée.

Survient le terrible incendie de l'an 63 après Jésus-Christ. Des quatorze quartiers de Rome, le feu n'en laisse que quatre intacts : deux sont entièrement dévastés, et sept autres atteints si gravement, qu'il fallut après coup les abattre. Alors s'ouvre une nouvelle période architecturale pour la ville, qu'on réédifie sur un plan beaucoup plus régulier, avec des maisons moins hautes, non plus tassées les unes contre les autres comme auparavant, mais divisées en îlots (*insulæ*) et pourvues de portiques antérieurs. Aussi, à partir de ce moment, le coup d'œil de l'ensemble est-il plus riant. Malgré cela, c'est Tacite qui nous le dit, beaucoup de citoyens s'obstinaient à trouver les vieux quartiers plus habitables, parce que, les rues en étant moins larges et les constructions plus élevées, ils y souffraient moins de la chaleur (*non perinde solis vapore perrumperentur*).

Les empereurs Flaviens signalent leur triple principat par l'érection du temple de la Paix, d'un nouvel arc de triomphe, de nouveaux thermes, d'un troisième forum césarien, et du Colisée. Le feu, il est vrai, sous Titus, ravage encore de vastes espaces, et détruit entre autres édifices le temple de Neptune, les bains d'Agrippa, le théâtre de Balbus, le portique d'Octavie et le Capitole. Les Antonins, de grands bâtisseurs eux aussi, n'en ont que plus de place pour construire à leur guise.

Sous Commode, nouvel incendie, qui sévit principalement sur le quartier dit de la Piscine publique (à l'est de l'Aventin). Les dégâts sont réparés par Septime Sévère et Caracalla.

Avec ces derniers Césars et leurs successeurs, c'est-à-dire avec cette lignée syrienne qui détient le pouvoir cent années environ, de 193 à 270, c'est le goût oriental qui domine à Rome. La ville se transforme en un immense panthéon où tous les cultes en même temps que tous les arts sont représentés. Les dépouilles du monde entier s'y entassent. Telle statue vient de Corinthe, tel marbre a vu le jour à Athènes; ces têtes de chien ont été sculptées au pays de Cléopâtre; ces divinités à cornes de vache ont été apportées des déserts d'Ammon. Tous les olympes connus et possibles confondent leurs symboles sur ces rives du Tibre où le peuple-roi a vu se consommer, dès le commencement du troisième siècle, l'ineffable hymen du dieu Hélagabal avec la déesse punique Uranie.

Voici les empereurs illyriens, qui, les premiers avant Dioclétien, essayent de revivifier tant bien que mal l'empire à demi mourant. La tâche urgente par-dessus tout, c'était de nouveau, comme au temps de Brennus, de mettre la cité souveraine à l'abri d'une incursion des barbares. Depuis près d'un demi-siècle déjà, les

LE TIBRE SOUS L'AVENTIN.

Francs avaient fait leur apparition sur les bords du Rhin; un tribun du nom d'Aurélien les avait, il est vrai, vaincus près de Mayence; mais leurs hordes et celles de leurs congénères de toute sorte avaient continué de battre les frontières, si bien qu'un autre Aurélien, l'empereur qui succéda à Claude II, jugea bon de doubler les antiques murs insuffisants de Servius Tullius d'une seconde ligne de remparts enfermant les quatorze régions de la ville avec toute sa traînée de faubourgs : ce fut la fameuse enceinte aux trois cents tours, encore existante en partie, que chantait si lyriquement Claudien. Après quoi le vainqueur de la reine Zénobie et de Tetricus le Gaulois édifia le temple du Soleil et célébra le triomphe le plus pompeux que l'on eût vu depuis bien longtemps. Pour achever son œuvre de restauration, il allait marcher contre les Perses, toujours combattus et jamais soumis, quand un coup de couteau mit subitement fin à son épopée césarienne.

Avec le IIIe siècle expirant, un fait d'une grande importance se produit. Rome cesse pour la première fois d'être l'unique résidence des empereurs. Trèves, Milan, Arles, Nicomédie, partagent avec elle l'onéreux privilège de loger les maîtres du monde. Dioclétien ne laisse pas cependant de doter encore la cité auguste d'un monument d'une taille sans pareille : ce sont les thermes qui portent son nom. Après ce terrible despote païen, qui s'était décerné le surnom de Jupiter et avait achevé d'introduire à sa cour l'esprit et les mœurs de l'Orient, apparaît Constantin, le briseur d'idoles, sous lequel le concile de Nicée arrête le symbole de la foi nouvelle. C'est alors que le christianisme commence à changer l'aspect de la ville, en appropriant les vieilles basiliques et les temples des dieux détrônés aux besoins de son culte près de triompher. Le cirque de l'usurpateur Maxence est le dernier grand monument de l'art antique édifié sur le sol de Rome. Une seconde capitale, Constantinople, vient de se fonder aux confins de l'empire, désormais dédoublé. Quelques années encore, et la fastueuse cité des Césars, devenue la proie des soldats d'Alaric, puis conquise par le hérule Odoacre, commencera de s'ensevelir tout doucement sous les ruines de sa gloire et de ses édifices. Quant à sa rivale de l'Orient, elle ne tombera que dix siècles plus tard, sous le sabre des Ottomans.

V

Après avoir exposé brièvement les diverses phases architecturales que présente la construction de Rome, il nous reste à jeter un regard d'ensemble sur la cité reine, telle que l'avait faite à travers les âges la sollicitude orgueilleuse de ses citoyens et de ses maîtres. Dès le temps d'Auguste, c'était presque un monde. « Toutes les régions qui avoisinent la ville sont habitées, dit l'écrivain Denys d'Halicarnasse, un contemporain d'Horace et de Virgile. Si quelqu'un prétend se rendre compte de la grandeur réelle de Rome, il se méprendra certainement, faute de pouvoir reconnaître à aucun indice assuré où la ville finit et où elle commence. Les faubourgs adhérents sont tellement annexés, qu'ils donnent à ceux qui les parcourent l'idée d'une cité étendue à l'infini. »

Aristide de Smyrne écrit, de son côté, au deuxième siècle : « La ville descend et se prolonge jusqu'à la mer, marché commun et magasin de tous les produits terrestres. Si vaste est cette Rome, qu'en quelque endroit qu'on s'arrête, rien n'empêche de se croire au milieu de la ville. »

Déjà sous Auguste sa population dépassait le chiffre de 1 300 000 âmes, et elle ne cessa de s'accroître après lui. A la fin du séjour des papes à Avignon (1375), elle n'était plus que de 17 000 habitants!

Enfin, les poètes Rutilius et Claudien, ces « derniers survivants de la postérité de Virgile et d'Horace », appellent Rome la ville sans égale, la Ville d'Or, *Aurea Roma*. Et avec quel lyrisme ils nous la dépeignent! On y arrive par de grandes voies bordées de tombeaux « où se lit l'invocation aux dieux Mânes ». L'univers entier est sa chose. C'est pour elle que travaillent les provinces; laboureurs de Sicile, de Libye et de Sardaigne suent pour lui fournir son blé et emplir ses greniers publics d'un grain que les bruyants moulins du Janicule convertissent en farine. Partout des arcs de triomphe, des trophées, des colonnes géantes, des obélisques, des

ROME (RIVE DROITE). VUE DES JARDINS DE L'ACADÉMIE DE FRANCE.

statues colossales, de toute couleur, en ivoire, en airain, en marbre, en or, rapportées de Grèce, d'Asie, de Macédoine. Ses temples éblouissent les regards. Ses aqueducs (non encore coupés par Vitigès) y amènent des fleuves entiers, suspendus sur des voûtes aériennes « à une hauteur où Iris porterait à peine ses eaux pluviales ». Ses réservoirs contiennent des lacs entiers; en tout lieu jaillissent de son sein des sources murmurantes. Telle est cette Rome « qui a appelé les peuples vaincus au partage de ses droits, et fait une cité de ce qui était auparavant l'univers ».

Cet enthousiasme des deux grands poètes de la décadence, en face des splendeurs matérielles de Rome, était à coup sûr légitime, mais ils se trompaient gravement l'un et l'autre en croyant qu'elle devait retenir à jamais l'empire du monde conquis par ses armes; au moment même de cette prophétie, les Francs s'établissaient dans les Gaules, et les hordes de Goths allaient se mettre en route pour le Sud.

CHAPITRE II

Coup d'œil général sur le site. — L'ère des dévastations. — *Barbari, Barberini.* — Le Forum enfoui et le Forum exhumé. — Notice topographique ; ruines et substructions. — Du temple de la Concorde à la Suburra. — Rues et places de l'ancienne Rome. — Les Forums césariens. — Marchés antiques, du Vélabre au mont Esquilin.

I

Sept ou huit siècles avant Jésus-Christ, la partie de la vallée du Tibre où devait s'élever Rome présentait un aspect bien différent de celui qu'elle nous offre actuellement. Les divers reliefs du tortueux bassin non seulement étaient couverts d'épais bois et accidentés de petites bosselures, aujourd'hui nivelées; mais encore il en jaillissait de nombreuses sources également disparues. Tous les terrains bas étaient, on l'a vu, au pouvoir du fleuve, de sorte que la puissante Rome est sortie en réalité d'un bourbier, du grand marécage dormant sous les joncs et bordé de saules et de prêles, que Tarquin l'Ancien entreprit de dessécher.

Ce marécage, c'était le Vélabre, ou plutôt les Vélabres. Il y avait le grand Vélabre, qui inondait l'emplacement du Cirque Maxime, entre le Palatin et l'Aventin, et poussait même ses usurpations jusqu'au pied du mont Esquilin, si bien que dans la saison des crues, pour aller de l'une de ces trois collines à l'autre, il fallait se servir de barques. Le coût du passage était d'un *quadrant* (le quart d'un *as*, un centime environ). Il y avait en outre le petit

Vélabre, ou Vélabre mineur, uni au premier. Il s'étendait au delà de la porte Carmentale, et baignait la dépression sise entre le Palatin et le Capitolin. Longtemps il en resta une flaque d'eau qu'on appelait le lac Curtius. Quant aux Sept Collines historiques, elles formaient et forment encore, sur la rive gauche du Tibre, un demi-cercle disposé du nord-est au sud-ouest, au centre duquel se dressent à part le Palatin et le Capitolin. L'hémicycle entier, disons-le tout de suite, se compose en réalité de huit collines, si l'on y fait figurer le mont Pincio, et il devient un cercle complet, si l'on y ajoute les deux éminences du Janicule et du Vatican, situées de l'autre côté du fleuve. Toutes ces hauteurs représentent au milieu de la plaine tibérine comme une sorte d'éclaboussure lointaine de cette chaîne subapennine qui court à l'est et au sud de la ville, parallèlement au relief principal, dont le point culminant, le Gran Sasso, ne se trouve qu'à un demi-degré de latitude au-dessus de Rome.

J'ai dit que le *Forum romanum* datait de l'alliance sabino-latine. C'était une grande place irrégulière, qui se développait du nord-ouest au sud-est, entre le Capitole et le Palatin. Il paraît avoir existé, plus ou moins intact, avec les monuments de toute sorte qui le décoraient, jusque vers la fin du XIe siècle. On accuse Robert Guiscard d'en avoir commencé l'anéantissement. Le farouche Normand, appelé au secours de la papauté, fit subir en effet un terrible désastre à la Ville Eternelle; mais ce serait peut-être une erreur de croire que les Barbares sont seuls responsables de la destruction de l'ancienne Rome. Les Romains eux-mêmes y ont contribué, et, avant comme après Guiscard, leur vandalisme en a pris à l'aise avec les édifices des Césars.

Dès le Xe siècle, à l'époque des guerres entre les barons, on se mit à transformer en forteresses les plus beaux monuments de l'art antique; on les démolissait au besoin pour en prendre les matériaux. On peut même dire que, durant des centaines d'années, la vieille cité ne fut regardée que comme une vaste carrière à moellons que chacun exploitait à sa fantaisie. Du petit au grand, tout le monde y puisait, qui pour son palais, qui pour sa masure. Quand vint la Renaissance, ce fut pis encore : on acheva de saccager ce qui restait de la Rome classique pour bâtir la Rome nouvelle de Jules II et de ses successeurs. Les Barberini s'édifièrent une fastueuse résidence avec les pierres prises au Colisée; un Barberini encore, Urbain III, dépouilla le Panthéon de ses ornements; de là le dicton satirique : ce que les Barbares n'ont pas osé faire, les Barberini l'ont osé (*quod non fecerunt Barbari, fecerunt Barberini*).

Le Forum, devenu un champ de ruines, disparut, lui aussi, peu à peu; un jour vint où les décombres et les immondices qui s'y étaient entassés d'âge en âge l'eurent enseveli sous une couche de poussière épaisse de huit mètres. Au XVIe siècle, le pape Paul IV en bouleversa le sol pour y faire des fouilles, et lui porta ainsi le dernier coup. Bref la fameuse enceinte qui avait contenu les destinées du monde avait fini par n'être plus que ce marché à bestiaux, *Campo vaccino*, dont le tableau de Claude Lorrain nous a rendu la mélancolique image.

Ce qu'elle avait été réellement, l'emplacement exact qu'elle avait occupé, on ne le savait plus au juste. Érudits et archéologues disputaient, à grand renfort de textes et de citations, sur l'étendue et l'orientation de son aire. On eût dit que l'histoire elle-même avait été enterrée vive avec le témoin de pierre et de marbre qui l'avait jadis représentée.

Ce n'est qu'en notre siècle, à partir de l'année 1834, qu'on s'est avisé de faire des déblaiements raisonnés et suivis qui se continuent encore aujourd'hui, et qui ont eu pour effet de restituer la topographie authentique du Forum, le site de ses principaux édifices et le tracé des rues qui le sillonnaient. Ces travaux gigantesques ont amené le déplacement de plus d'un million de mètres cubes de terre. On avait même conçu un plan aussi séduisant que grandiose qui consistait à réunir, par un ensemble d'exhumations figurant une sorte de cité pompéienne, tout l'espace compris entre le Colisée, l'ancien Vélabre, et le grand cirque : tâche malaisée et coûteuse, s'il en fut, car il y a là, en réalité, quatre villes superposées : la ville étrusque, la romaine, celle du moyen âge et la Rome moderne.

Il eût fallu, pour la mener à bien, non seulement créer de nouvelles voies de communication entre le Trastevere et le quartier des Monti (l'ex-Suburra), mais encore entamer une série d'expropriations dont les frais eussent été incalculables. Avant tout, il devenait nécessaire d'abattre toutes les églises bâties au-dessus et autour de l'aire mystérieuse, Sainte-Marie-Libératrice, qui s'est substituée au sanctuaire de Vesta, San Luca et San Adriano, qui s'élèvent de chaque côté de la rue Bonella sur des restes de constructions antiques, puis Saints-Côme-et-Damien, San Lorenzo in Miranda et Santa Francesca Romana.

On a reculé, à la dernière heure, devant tant de coups de marteau à donner, ce qui n'empêche pas que les fouilles entreprises depuis un demi-siècle n'aient déjà produit d'importants résultats, et que du pont transversal jeté entre le Forum et le Vélabre le regard du touriste ne puisse embrasser un ensemble majestueux de débris.

Essayons donc de reconstituer l'aspect de l'ancien *Forum romanum*, en prenant notre point de départ de l'extrémité nord-ouest de la place.

II

Tout d'abord, à la base sud du Capitole, se présente à nous un des rares édifices remontant au temps de la République : c'est le *Tabularium*, où l'on conservait les archives de Rome, c'est-à-dire les tables de bronze contenant les sénatus-consultes, les plébiscites et les traités. Il n'en reste que des substructions massives, sur lesquelles repose le palais moderne du Sénateur (Capitole), et des degrés de l'escalier qui descendait de là au Forum. Devant le *Tabularium*, voici le temple de la Concorde, dont on a aussi retrouvé des vestiges. Au pied des marches de ce temple se dresse l'arc de Septime Sévère, monument de marbre blanc érigé par cet empereur syrien en mémoire de ses victoires sur les Parthes, les Arabes, et autres peuples de l'Orient. Trois chefs captifs et coiffés du bonnet phrygien figurent au soubassement de l'une des colonnes d'appui de la corniche.

A côté et à gauche du temple de la Concorde, nous apercevons celui de Vespasien, devant lequel l'embranchement de la voie Sacrée qu'on nommait le *clivus Capitolinus* montait à la Roche

Tarpéienne; puis le Portique des douze dieux *consentes*[1], ainsi appelés, soit parce qu'ils formaient le conseil souverain du maître de l'Olympe, soit parce que, pour toute affaire grave, il fallait obtenir leur assentiment. Chacun d'eux avait, dans ce portique, sa

TEMPLE DE VESPASIEN ET PORTIQUE DES DOUZE DIEUX.

chapelle décorée de statues. De ces douze sanctuaires, il n'en reste plus que sept, adossés à la rampe moderne du Capitole. Les cinq autres sont peut-être enfouis sous les ruines de ce temple de Jupiter

1. Savoir : Vesta, Jupiter, Junon, Neptune, Vénus, Mars, Minerve, Cérès, Apollon, Diane, Mercure et Vulcain.

RESTES DE LA BASILIQUE JULIENNE ET DU TABULARIUM.

Tonnant qui se trouvait sur une terrasse en contre-haut du *clivus Sacer*, tout proche du temple de la Fortune.

Viennent ensuite, en contournant le Forum au sud, d'abord le temple de Saturne, où l'on gardait l'*Ærarium* ou trésor public, et

ARC DE SEPTIME SÉVÈRE.

en face duquel se dressait le *mille d'or* élevé par Auguste lorsqu'il fut grand maître des ponts et chaussées (*curator viarum*); puis la Basilique Julienne, que longeait la voie Sacrée, et derrière laquelle était le lac Curtius ou de Juturne dont j'ai déjà eu occasion de parler. On voit par Suétone que ce marais n'était pas encore comblé au temps d'Auguste, puisqu'on y jetait chaque année, pour la santé du prince, des pièces de monnaie en guise d'offrandes. Il existe encore aujourd'hui, à l'état de nappe souterraine, et les eaux en

COLONNE DE PHOCAS.

ont même rejailli de terre à plusieurs reprises, au XVIIIe siècle et au nôtre.

De l'autre côté de ce gouffre classique apparaît une ruine à propos de laquelle les archéologues ne sont pas d'accord : ce sont trois belles colonnes d'ordre corinthien, en marbre pentélique, où les uns ont voulu voir les débris d'un temple de Castor et Pollux, les

TEMPLE D'ANTONIN ET FAUSTINE.

autres ceux d'un temple de Jupiter Stator, d'autres encore un vestige de la Græcostasis, station des Grecs, comme on appelait le portique spécial où les ambassadeurs *barbares*, c'est-à-dire étrangers, venaient attendre l'audience du Sénat. Plus au nord, et à cheval sur

GRÆCOSTASIS.

la voie Sacrée, se trouvait l'arc de Fabius, dont il ne reste absolument rien. Ensuite venaient successivement : le temple d'Antonin et Faustine, sur les fondations duquel se dresse l'église San Lorenzo in Miranda; celui de Romulus et Remus, dont la *cella* sert de vestibule à Saints-Côme-et-Damien ; la basilique de Constantin, que l'on avait prise tout d'abord pour un relief du temple de la Paix brûlé sous Commode; puis, derrière San Francesca Romana, le temple de Vénus et Rome, construction disparue de l'empereur Hadrien. Restent la Curie et la basilique Émilienne, non encore retrouvées : on suppose qu'elles doivent être inhumées sous le pâté de maisons et d'églises qui entourent le côté nord-est de la place.

Voulons-nous maintenant nous faire une idée de la disposition longitudinale du rectangle que figurait le *Forum romanum* : revenons au pied du Capitole, c'est-à-dire au temple de la Concorde, en deçà de la colonne de Phocas, érigée l'an 608 en l'honneur de l'empereur grec de ce nom. Devant nous, à l'autre extrémité de l'axe, nous apercevons, en idée seulement, le temple de César ; puis, en réalité, par delà ce temple, l'arc de Titus, toujours debout au point culminant de la voie Sacrée, près des ruines de ces palais des Césars dont il sera question ci-après; plus loin encore, nous voyons le Colisée, et enfin, au pied de celui-ci, l'arc de Constantin, qui marque l'entrée de la rue San-Gregorio (jadis *via Triumphalis*), laquelle infléchit à angle droit avec le Forum.

Quant à l'aire centrale et de forme oblongue qu'encadrait la quadruple rangée d'édifices qu'on vient de mentionner, et qui fut originairement le marché où les gens du dehors (*foris*) apportaient leurs denrées, elle s'était vue elle-même envahie par toute une futaie de statues et de colonnes entre lesquelles circulait la foule. Autour de ce promenoir découvert, dallé en carreaux de marbre et de travertin, régnaient par surcroît de vastes portiques sous les ombreuses arcades desquels étaient installés des bazars richement décorés, des boutiques dont on a retrouvé des vestiges avec leurs enseignes.

La voie Sacrée, qui commençait à l'angle nord-est du Palatin pour finir au bas du Capitole, traversait le Forum vers le tiers sud de sa largeur; elle était pavée en blocs de lave, et bordée de tavernes achalandées. Jusqu'à l'arc de Fabius notamment, s'y alignaient les fournisseurs de « riens », les marchands d'éventails en plumes de paon, d'osselets en ivoire, de coffrets de bois précieux, de parfums, de drogues médicinales et de colifichets, sans parler des tondeurs et barbiers. A sa suite courait la voie Suburra (*sub urbe*, le quartier primitif *suburbain*, au pied de la ville). Le long de cette voie, qui se continuait sur le penchant de l'Esquilin, foisonnaient les *popinæ* ou gargotes, où se vendaient les aliments cuits, et les *vinariæ* (débits de vin). Jusqu'au temple de la Concorde, grouillaient du matin au soir les petits vendeurs ambulants, les ventilateurs, les oiseleurs avec leurs cages sur le dos, les prestidigitateurs, les athlètes et les maquignons.

III

La désignation de *via* (ou *platea*) ne s'appliquait à Rome qu'aux grandes artères maîtresses et pavées, telles que les deux rues susnommées et aussi la *via Lata*, qui donnait son nom à la septième région de la ville (le Corso actuel) jusqu'à l'amorce de la voie Flaminienne. Par le mot *clivus*, au contraire, on entendait particulièrement une rampe, également carrossable, mais qui escaladait une colline : tels le *clivus Capitolinus* qui reliait le Forum au Capitole, le *clivus Scauri* qui enjambait le Cælius, et le *clivus Orbius*, tracé aurevers de l'Esquilin. Concurremment avec ces rampes existaient aussi les *gradus* (ou *semitæ*), réservés aux piétons. Car, en ce temps-là, le sol de Rome, sensiblement nivelé de nos jours par les décombres et les éboulements, était tout hérissé de boursouflures et de gibbosités chaotiques, et c'est pourquoi Lucien nous parle avec tant de compassion des malheureux précepteurs grecs obligés de toujours monter et descendre à la sueur de leur front. Enfin, une troisième sorte de chaussée urbaine, c'était le *vicus*, voie de jonction, ordinairement de moindre importance que les deux précédentes. Plusieurs *vici*, en se rejoignant, formaient ce qu'on appelait un carrefour (*compitum*). Ces rues de croisement, sous les empereurs, étaient au nombre de 423, et il y avait autant d'*ædicula vicorum*, chapelles érigées aux dieux Lares, et auxquelles étaient préposés des *magistri vicorum*. La plupart finirent par être pavées.

La même distinction est à faire pour les places. L'*area* était un petit emplacement, primitivement vide, comme l'*area Capitolina*, l'*area Palatina*, qui peu à peu fut entouré de temples et de palais.

L'*atrium* était une *area* encadrée de portiques ou de constructions servant d'archives, de bibliothèques; l'espace intermédiaire, était d'ordinaire affecté à des réunions publiques : tels l'*atrium de Vesta*, près du sanctuaire du même nom, l'*atrium de Cacus*, sur le *Forum Boarium*, les *atria* de la Liberté et de Minerve, situés l'un et l'autre proche du bâtiment ultérieur du Sénat, au pied du Capitole. Par le nom de *campus*, au contraire, on désignait une aire beaucoup plus vaste, un véritable champ où l'herbe poussait, mais ayant aussi un entourage d'édifices.

Le type de cette sorte d'emplacements, réservés d'abord pour des exercices militaires, des courses, des récréations populaires, ce fut le fameux Champ de Mars, *campus Martis*, appelé aussi tout bonnement *Campus*. Il y avait en outre le *campus Flaminius*, le Champ du Tibre, celui d'Agrippa, le Champ Viminal, etc. Quelques-uns d'entre eux, avec le temps, se couvrirent entièrement de constructions.

Mais la place par excellence, c'était celle qu'on appelait le Forum. Au vieux Forum sabino-latin, dont je viens de donner la description, vinrent plus tard s'ajouter d'autres places du même genre, qui en furent comme le prolongement historique et architectural à la fois. Le premier en date de ces Forums supplémentaires fut celui que César, devenu tout-puissant après sa victoire sur Pompée, édifia au nord-est du Capitole. C'était une enceinte quadrangulaire communiquant avec le *Forum romanum* par un portique à rotonde, et au milieu de laquelle s'élevait un temple à Vénus Genitrix. Pour l'établir, César acheta, moyennant soixante millions de sesterces (douze millions de francs environ), tout un quartier qu'il fit démolir[1]. Quelques débris de cette création subsistent au bout de la *via de' Pantani* (rue des Bourbiers), laquelle semble avoir gardé la même direction que la voie antique qu'elle a remplacée.

Auguste voulut avoir, lui aussi, son Forum : ce fut un carré long, ouvert à la suite du précédent, et où il fit ériger à Mars Vengeur (*Mars Ultor*) un temple expiatoire de la mort de César. On croit en avoir retrouvé des vestiges dans la via di Marforio, non loin de l'église Saint-Joseph des Menuisiers (*San Giuseppe de Falegnami*) : sept débris en travertin et en péperin, fragments supposés des bou-

1. Ce qui mettait, paraît-il, le prix du mètre à près de 2000 francs.

FORUM DE NERVA.

tiques qui occupaient un des côtés de la place, puis une arcade d'entrée désignée sous le nom de Poterne ou arc des Pantani.

Soixante-dix ans plus tard, Domitien et Nerva fondèrent, dans une direction parallèle, un troisième Forum césarien, orné d'un temple de la Paix, et appelé *Forum transitorium*, parce qu'on le traversait pour se rendre aux deux autres. Quelques restes aussi en témoignent. Enfin cette série de constructions fastueuses s'accrut encore, à quelque temps de là, de deux nouvelles enceintes impériales, le Forum de Trajan et celui d'Antonin. Le premier fut bâti par l'architecte Apollodore, également au nord-est du Capitole; pour lui faire place, on dut niveler toute une croupe transversale de terrain qui se trouvait entre le Capitolin et le Quirinal, et qui entravait de ce côté l'accès du Champ de Mars. Sur son emplacement se dresse encore la colonne Trajane, et, des nombreux monuments qui l'ornaient, il subsiste, entre autres vestiges, ceux de la célèbre bibliothèque Ulpienne. Quant au Forum d'Antonin, il était beaucoup plus éloigné du centre politique de la ville, s'il est vrai qu'il ait occupé, comme on le croit, la piazza Colonna actuelle, sur le tracé de la via del Corso.

Enfin, en dehors de ces places publiques au cadre luxueux, il y avait les forums-marchés ou *macella*, au nombre de dix. C'étaient, de l'ouest à l'est, en contournant la Rome primitive : le *forum olitorium* ou marché aux légumes, situé hors de la porte Carmentale, entre la Roche Tarpéienne et le théâtre de Marcellus; — en dedans au contraire de la susdite porte, le *forum olearium* ou marché à l'huile du Vélabre; — tout à côté de celui-ci, le *forum piscatorium*, où se vendaient les *frutti di mare*, comme disent les Italiens d'aujourd'hui, et où les pêcheurs du Tibre célébraient, à de certains jours, leurs jeux; — le *forum boarium* ou marché aux bœufs, un peu plus bas, sous le Palatin, à l'endroit où se dressent l'arc de Janus Quadrifrons et l'église Saint-Georges au Vélabre.

De là, en longeant le côté droit du cirque Maxime, on rencontrait, au revers du mont Aventin, le marché aux fèves, *area fabaria*; — sur le côté est de la même colline, le *forum pistorium* ou marché au pain; — plus loin, entre l'Aventin et le Cælius, l'*area radicaria* ou marché aux racines; — puis, en revenant vers le nord, au sommet de la *via Sacra*, le *macellum Cupedinis*, espèce d'entrepôt général inauguré sous Néron, nous dit Dion Cassius, et où se vendaient les mets de choix et les friandises; — plus à l'est, c'est-à-dire à l'entrée de la Suburra, existait un second marché de primeurs, spécialement pour les fruits; — enfin, sur le penchant de l'Esquilin, se trouvait le *macellum* de Livie, ainsi nommé de la femme d'Auguste : c'était une grande construction carrée, que divisaient en plusieurs rues des îlots de tavernes marchandes. Là se débitaient des denrées de toute sorte, viandes de boucherie, os et cornes d'animaux, brocolis violets du Samnium, poireaux d'Arricie, raves de l'Algide ou de Nurcia, navets d'Amiterne ou de Vérone, fruits de l'Ombrie et de l'Étrurie arrivés par la voie du haut Tibre et débarqués au port supérieur, c'est-à-dire aux *Navalia* du Champ de Mars, qui portent maintenant le nom de Ripetta.

CHAPITRE III

La colline du Capitole; ce qu'elle fut jadis et ce qu'elle est aujourd'hui. — Site et légende du mont Palatin. — La vallée Murcienne et le grand Cirque. — Les palais impériaux; leurs métamorphoses, leur ensevelissement; comment on les a retrouvés. — Au carrefour du Colisée. — Chronique de l'amphithéâtre Flavien. — Les trois âges de la pierre à Rome. — Les aventures d'un colosse d'airain.

I

La colline vénérée de Rome, ce fut, on le sait, le Capitolin. Là s'éleva le premier temple de la ville naissante, celui de Jupiter, qui regardait et dominait le Forum. Aujourd'hui encore, la roche Capitoline, *Capitoli immobile saxum*, dont le pourtour mesure environ 900 mètres, se dresse quasi solitaire en face des autres collines. Entre elle et le Quirinal, sis plus au nord-est, se trouve la langue de terre, artificiellement nivelée après coup[1], où Trajan avait bâti son Forum; à l'est, du côté de l'Esquilin s'étend l'emplacement du Forum d'Auguste, tandis qu'au sud-est, vers le Palatin, se creuse le vallon du *Forum romanum*, et, au sud, en deçà de l'Aventin, celui du Marché aux Bœufs. Enfin, l'isolement de l'éminence est achevé au nord par la plaine du Champ de Mars, et, à l'ouest, à la fois par le Tibre, qu'elle domine d'une hauteur de 43 mètres, et par l'étroite berge qui portait le théâtre de Marcellus.

1. Voyez ci-dessus, page 44.

Ce mont sacro-saint était divisé en deux cimes par une dépression (*intermontium*), au milieu de laquelle il y avait un bois, reste du fameux asile ouvert par Romulus. Ce bois était une chênaie de *quercus robur*, essence qui n'a pas cessé de croître spontanément sur les hauteurs incultes de cette partie du Latium, et qui, avant l'érection de l'immense mur en terrassement qui soutint le *tabularium*, couvrait tout le revers du coteau.

On pense que le temple de Jupiter s'élevait sur la cime nord-est, là où se voient aujourd'hui l'église et le cloître franciscains de Santa Maria in Ara Cœli, auxquels on accède par une montée de cent vingt-quatre marches.

A la crête sud-ouest, appelée maintenant le Monte Caprino (mont des Chèvres), se dressait la citadelle (*arx*), dont le palais Caffarelli actuel passe pour occuper l'emplacement. On y arrivait par un escalier de deux cents marches environ, commençant au bas du *clivus Capitolinus* et formant une double rampe praticable même aux bêtes de somme, comme celle qui gravit présentement la plate-forme de Saint-Pierre. Ajoutons en passant que, sur la face du mont qui domine le Forum, on a récemment établi une terrasse spéciale, d'où l'on a le plaisir, les jours de fête, de jouir d'une vue magnifique sur les ruines éclairées à *giorno*, ainsi que sur le Colisée illuminé au bout de la vallée.

De ce même côté du Capitolin se trouvait la Roche Tarpéienne, dont il ne subsiste plus qu'une portion, masquée d'ailleurs par les hautes et vulgaires maisons qui s'adossent à ce revers de la colline. Celle-ci, prise dans son ensemble, a beaucoup perdu de son âpreté depuis les Romains; elle se dressait autrefois à pic; on y arrive maintenant au moyen de pentes douces. Les bâtisses d'alentour, jointes à l'accumulation des gravois et décombres et à l'émiettement naturel des pierres, ont corrigé peu à peu les escarpements du relief. Il y a cependant encore, dans un jardinet attenant au moderne hôpital de la Consolazione, un endroit où la paroi de rocher dessine une chute verticale d'une vingtaine de mètres; c'est ce que l'on montre au touriste sous le nom de *rocca Tarpea*.

Dans le roc du Capitole était creusée la prison Mamertine, qui datait d'Ancus Martius; au-dessous de celle-ci, Servius Tullius en avait fait tailler une autre, appelée *Tullianum*. La première, à la-

LE CAPITOLIN, VU DU COTÉ DU TIBRE.

quelle on descend aujourd'hui par l'église Saint-Joseph, est un cachot de vingt pieds de long sur seize de large, dépourvu de fenêtre, où les prisonniers étaient plongés par un trou carré à l'aide d'une corde. De là, une seconde ouverture, percée dans la voûte de séparation, permettait aux licteurs et aux bourreaux de pénétrer dans la geôle inférieure pour y enchaîner ou égorger les captifs. Les

LA ROCHE TARPÉIENNE.

corps des victimes étaient ensuite ramenés en haut, déposés au sommet de l'escalier des Gémonies, puis, au moyen de crocs, traînés à travers le Forum et le Vélabre, jusqu'au pont Sublicius, d'où on les précipitait dans le Tibre[1].

Appius Claudius se tua, on le sait, dans le Tullianum, après le meurtre de Virginie ; Manlius y fut jeté, lui aussi, ainsi que Persée, Jugurtha et Tigrane. Lentulus, Cethegus et les autres complices de Catilina y furent étranglés sur l'ordre de Cicéron, comme Vercin-

1. Comparez à cela les *Carcere* de Venise et le voyage des cadavres des suppliciés du pont de la Paille à la Giudecca.

gétorix sur celui de César. Enfin la légende veut que les apôtres Simon, Paul, et saint Pierre lui-même, y aient été également écroués.

Les degrés des Gémonies sont aujourd'hui remplacés par la rampe monumentale qui conduit à la place moderne qu'on nomme assez bizarrement *piazza del Campidoglio* (champ d'huile), et qui occupe le milieu de l'*intermontium* primitif. De même à la vieille citadelle ro-

PLACE DU CAPITOLE.

maine a succédé un groupe d'édifices bâtis sur les dessins de Michel-Ange, et qui, malgré l'étroitesse du cadre, forment un ensemble des plus grandioses. D'un côté, le palais des Conservateurs, siège de la municipalité ; de l'autre, celui du magistrat qui, sous le nom antique de *Sénateur*, préside les séances du conseil communal; puis, au fond de la place, et à part, le fameux Musée dit *du Capitole*. L'aire tout entière est pleine de statues. Dès le pied de l'escalier, vous êtes accueilli par deux lionnes en basalte d'Égypte, mises là en vedette par Pie IV; en haut, à l'entrée de la terrasse, deux autres sculptures colossales vous saluent : ce sont les marbres des dioscures Castor et Pollux. A droite et à gauche, sur la balustrade, voici en outre les trophées dits de Marius, apportés ici du mont Esquilin.

Plus loin vous apercevez les images de Constantin et de son fils, et enfin, au milieu de la place, la statue de Marc Aurèle, l'unique bronze équestre que nous ait légué intact l'art antique. Je ne parle pas des longues visites qu'il vous faudra faire aux diverses galeries Capitolines qui recèlent, entre autres trésors, la célèbre *Louve* allaitant Romulus et Rémus, et ces trois chefs-d'œuvre incomparables :

LA LOUVE DU CAPITOLE.

le *Gladiateur* ou *Gaulois mourant*, l'*Antinoüs* de la villa d'Hadrien, et le plus beau des trois *Faunes* de Praxitèle.

II

Escaladons maintenant le mont Palatin, qui, comme son nom semble l'indiquer, fut primitivement une alpe, une aire de hauts pâturages entretenus par de nombreuses eaux courantes, aujourd'hui perdues, et où la tradition plaçait l'Arcadien Evandre avec ses troupeaux[1].

On y montait jadis de trois côtés: d'abord à l'angle nord-est de la colline, par la porte *Mugonia*, ainsi appelée des mugissements qu'y faisaient entendre les troupeaux descendant boire au Vélabre;

1. Étymologies vraisemblables : *Pabulum* (pacage), *Balatus ovium* (bêlements des moutons), *Pales* (déesse des bergers.)

c'était là, près de l'arc de Titus, que le *clivus Palatinus* s'embranchait sur la voie Sacrée. On y montait aussi à l'angle nord-ouest, c'est-à-dire par la *porta Romana*, et enfin au revers sud-ouest, qui était alors, comme aujourd'hui, tout luxuriant de végétation. Là se trouvaient les degrés de Cacus, au-dessous desquels, parmi les touffes de buissons sauvages, bâillait la bouche du Lupercal, l'antique caverne du dieu Pan, l'antre de la louve légendaire qui nourrit de son lait Romulus et Rémus. C'était une grotte creusée en trois galeries parallèles, d'où s'échappaient des sources abondantes, froides en été, tièdes en hiver, qui existaient encore du temps de Denys d'Halicarnasse. Ces eaux, qui sortaient de terre à gauche de Saint-Georges au Vélabre pour aller se perdre dans la Cloaca, ont été retrouvées en 1867, près de l'église Sainte-Anastasie, au pied sud-ouest de la montagne. Quant à la susdite caverne, il ne reste plus, de sa voûte effondrée, qu'un enfoncement à ciel ouvert.

En regard de la masse irrégulière et des anfractuosités de l'Aventin, le Palatin, haut de 52 mètres, présente une figure excessivement nette. C'est un trapèze, dont les quatre côtés correspondent à peu près aux quatre points cardinaux, et d'où l'on a une vue magnifique jusqu'aux monts tusculans et albains. Le long de sa pente méridionale court, je l'ai dit, la vallée Murcienne qu'inondait primitivement le grand Vélabre, et où, sous Tarquin l'Ancien, fut établi le cirque Maxime. Ce cirque, qui donna son nom à l'une des quatorze régions de la ville (c'est le *rione* ou quartier actuel di Ripa), était non pas une enceinte close, mais une arène découverte, de 800 mètres environ de longueur sur 166 de largeur, où, entre deux lignes de terrasses munies de gradins pour les spectateurs, se donnaient les fameux jeux *Circenses*, luttes d'athlètes, courses à pied, à cheval, en char, chasses aux bêtes fauves, exhibitions rares. C'est là qu'Androclès et son lion offrirent un jour au public stupéfait la scène de reconnaissance mutuelle qu'Aulu-Gelle raconte dans ses *Nuits attiques*. Successivement agrandie d'âge en âge, cette lice avait fini par contenir, au temps de Constantin, 400000 personnes. Il en subsiste quelques fragments, cintres de voûtes et débris de loges, dans la rue faubourienne et rustique, qui, sous le nom de *via de' Cerchi*, passe derrière l'éminence palatine.

Si le Capitolin resta la colline sacrée de Rome, le Palatin en

FOUILLES DU PALATIN.

devint de bonne heure comme la colline aristocratique. Les plus riches personnages de la république s'y bâtirent, à l'envi, de fastueuses demeures; puis, quand à l'ère de la liberté eut succédé celle du despotisme, les Césars confisquèrent peu à peu, pour leurs

ESCALIER DU PALAIS DE CALIGULA.

fantaisies architecturales, cette zone privilégiée de la vieille ville. Alors s'y élevèrent, à grands frais d'expropriations plus ou moins arbitraires, ces *palais* (*palatia*), dont de récentes fouilles ont mis à nu les ruines et les substructions.

Auguste, qui aimait ou affectait d'aimer la simplicité, s'était contenté pour son compte, tout en remuant aussi beaucoup de terre, d'une maison relativement modeste, non loin de la porte Mugonia; mais avec Tibère commença l'œuvre impériale de bouleversement et de transformation. Sa fameuse résidence, construite sur le côté sud du mont, en occupait toute l'aire postérieure jusqu'aux degrés descendant au Vélabre, et déployait une splendide façade vers le cirque Maxime. Caligula, non content d'y faire des agrandissements, la joignit, on l'a vu, au Capitole, par un gigantesque pont jeté au-dessus du Forum, et dont on a retrouvé une amorce au coin nord-ouest du Palatin. Enfin, sur les ruines fumantes de l'incendie qu'il avait lui-même allumé, Néron édifia sa *maison Dorée*, qui prolongeait jusque sur l'Esquilin ses magnificences toutes orientales, ses annexes de bois, d'étangs, de villas.

Vespasien et Titus, il est vrai, se hâtèrent de tailler à leur fantaisie dans ces créations féeriques. Non seulement ils ramenèrent la demeure impériale à un périmètre moins ambitieux, mais à ses luxueuses dépendances ils substituèrent des établissements affectés au public : les *Ædes publicæ*, édifice essentiellement populaire, les Thermes de l'Esquilin, qui firent disparaître un palais entier, et le Colisée, qui couvrit de sa masse les étangs néroniens. Des empereurs suivants, plus d'un s'abstint d'habiter la colline auguste. C'est ainsi que Trajan s'établit sur le mont Aventin, et Hadrien dans le quartier de la Piscine publique (entre la porte d'Ostie et le cirque Maxime). Officiellement, le Palatin resta résidence impériale ; mais à cette éminence malsaine, où la Fièvre avait un autel, la cour parut préférer souvent le séjour des jardins de l'Esquilin, du Pincio, du Vatican même, qui étaient aussi des domaines césariens.

Quant aux palais en question, brûlés de nouveau sous Commode, ils furent restaurés par Septime Sévère, qui y ajouta, en cette occasion, son superbe portique dit *Septizonium*, dont il est resté jusqu'à Sixte-Quint des débris imposants à la pointe sud-est du mont. Les palais eux-mêmes existaient encore, à l'état de ruines, au VIIIe siècle; puis ils finirent par avoir le sort du Forum : ils disparurent peu à peu en terre. Au besoin, on les força d'y rentrer. Au XVIe siècle, le cardinal Alexandre Farnèse (Paul III), désireux de se créer une villa sur leur emplacement, fit préalablement combler le sol par une couche de décombres de quinze à vingt pieds de hauteur. On creva même les voûtes des édifices pour y verser les tombereaux de sable, et, afin de mieux niveler le plan, on enfouit dans le sol des étages entiers. Par contre, cette villa farnésine a subi de nos jours la peine du talion : elle s'est vue annihiler à son tour, dans l'intérêt de l'art, il est vrai. On lui a fouillé à fond les entrailles, non plus pour construire, mais pour exhumer, et les travaux, entrepris en quelque sorte d'hier, continuent d'un tel train que, depuis 1882 par exemple, je le puis attester par mes yeux, l'endroit n'est déjà plus reconnaissable. Les Jardins Farnèse ont entièrement disparu[1]. En revanche, les restes des édifices palatins ressuscitent pièce à pièce : membrures de galeries, blocages et arcades, bains de Livie, *Ædes publicæ*, tout un chaos de substructions énormes perce peu à peu son linceul de terre et revoit la lumière du soleil. Au cours de ces déblaiements, qui ne sont pas encore près d'être terminés, on a même retrouvé, au pied du palais de Caligula, une rue antique, et pavée en gros blocs de basalte. C'est la *via Nova*, qui, partant de l'arc de Titus, s'en allait, le long du Palatin, rejoindre, derrière le temple de Castor, le *vicus Ruscus*, et par celui-ci le Forum.

III

Après avoir vu ce monde de ruines tout baigné par la chaude lumière du soleil, il faut retourner le contempler le soir, aux froids reflets de la lune. A mesure que l'astre, sorti des brumes de la mer Tyrrhénienne, verse ses clartés frissonnantes par les moindres recoins du vallon situé entre le Forum et le Cælius, les contours des objets se détachent, et de tous côtés, le paysage revêt des aspects fantastiques. De quelle poésie s'emplit alors ce carrefour, si solitaire et si morne aujourd'hui, qui fut autrefois le bruyant point de jonction des quartiers les plus peuplés de Rome! On croirait, à cette heure silencieuse, voir une scène machinée tout exprès pour

1. Ces *Orti Farnesiani*, achetés par Napoléon III, ont été ensuite cédés par lui (1870) au gouvernement italien.

mille sortes d'évocations magiques. Et ce n'est pas là une simple illusion. Le passé y reprend corps réellement sous la forme de spectres de pierre aux ossatures gigantesques et bizarres, et le roi de ces nocturnes fantômes, c'est le colosse, haut de 52 mètres sur plus d'un demi-kilomètre de tour, qui emplit le creux de l'étroite dépression, dont il semble même avoir fait fléchir le sol sous son poids.

Un proverbe dit :

Quandiu stabit Coliseus, stabit et Roma,
Quando cadet Coliseus, cadet et Roma;
Quando cadet Roma, cadet et mundus[1].

Nul entassement de blocs, en effet, ne rivalise avec celui-là. Ni la riante Hellade ni la sombre Égypte n'ont enfanté rien d'aussi grandiose que cet amphithéâtre flavien, où s'associent triomphalement deux choses si malaisées à unir, l'harmonie et l'énormité.

La vaste enceinte paraît d'abord ronde; puis, à la mieux regarder, elle se transforme en une ellipse, la plus belle et la mieux réussie qui existe. Elle monte majestueusement vers le ciel en quatre étages, dont le dernier, percé de lucarnes, se termine par une magnifique corniche, tandis que les trois inférieurs sont allégés de quatre-vingts arcades servant de portes. Frappons à l'huis de bois qui se trouve près du Palatin, et prions le custode préposé à la garde du monstre de nous guider, une lampe en main, jusqu'au sommet de cette montagne de pierre. Quel ovale puissant s'il en fut! Avec quelle sûreté magistrale l'immense courbe est décrite et lancée! Comme elle revient majestueusement sur elle-même, tandis que les rangs de gradins et de galeries se superposent en terrasses concentriques! Souvenez-vous que plus de cent mille spectateurs trouvaient place sur le pourtour de la prodigieuse arène.

Nous voici sur la dernière plate-forme : admirez d'ici comme les colossales murailles circulaires plongent à pic tout au fond du gouffre; puis relevez la tête, et regardez les plans que vous présente l'horizon. Près de vous, et en quelque sorte à portée de la main, vous voyez, d'un côté, le Cælius avec ses couvents enchevêtrés

1. Tant que durera le Colisée, Rome durera; quand il tombera, Rome tombera, et, quand Rome tombera, le monde s'écroulera.

LE COLISÉE (VUE EXTÉRIEURE).

de ruines ; de l'autre, le Palatin, à l'aire toute bouleversée par les fouilles; plus loin, à droite, par delà le Tibre, vous apparaissent les reliefs dentelés du mont Janicule; puis derechef, à gauche, Saint-Jean de Latran et les rues désertes qui s'entre-croisent vers cette grande basilique; enfin, tout là-bas, de l'est à l'ouest, le Monte Cavo, le plateau d'Albe la Longue, les plaines du Latium par échappées de vue, de la verdure roussâtre et des collines bleues... le territoire d'Ardée et la mer.

Les amphithéâtres, différents des cirques, servaient particulièrement aux combats de gladiateurs et de bêtes féroces. Quintus Scævola fut le premier Romain qui, à l'occasion de son édilité curule, produisit des lions dans l'arène. Après lui, Sylla, devenu dictateur, montra aux Quirites cent lions à crinière, et Pompée leur donna des jeux où furent tués cinq cents de ces animaux. De même, ce fut Decius Brutus qui, en l'honneur des funérailles de son père, fit combattre sur le Marché aux Bœufs les trois premiers couples de gladiateurs. On était en l'an 261 avant Jésus-Christ. Un demi-siècle plus tard Æmilius Lépide, dans une occurrence semblable, rassembla vingt-deux couples sur le terrain : trois jours durant, le peuple ne quitta pas le Forum.

L'an 210, Scipion l'Africain célébra de la même manière en Espagne les doubles obsèques de son père et de son oncle. Dès lors ces divertissements meurtriers entrèrent de plus en plus dans les mœurs. Néanmoins il n'exista pas tout de suite d'emplacements spéciaux pour ce genre de luttes; le public y assistait tout bonnement du haut de tribunes temporaires, érigées sur tel ou tel point de la ville. Ce fut Scribonius Curion qui, vers le milieu du premier siècle avant notre ère, eut l'idée d'innover dans cette vue.

Pompée avait édifié un théâtre exprès pour le peuple; que fit Curion, à son tour ? Désireux de donner à la fois des spectacles et des combats d'hommes, il trouva ingénieux et commode de faire bâtir, pour la circonstance, deux théâtres de bois placés dos à dos. On les utilisait le matin pour des représentations dramatiques, et l'on n'avait, l'après-midi, qu'à les débarrasser de leurs scènes, ainsi que de leur cloison mitoyenne, pour que l'ensemble servît de carrousel; de là un genre d'édifice qui, au lieu d'être en hémicycle, offrait au contraire la forme circulaire, et où la scène était remplacée par l'arène elliptique du milieu : c'est ce qu'on nomma un *amphithéâtre*.

Rome possédait déjà une douzaine au moins de ces amphi-

UN CORRIDOR DU COLISÉE.

théâtres, — seulement ils étaient tous en bois, — lorsque Vespasien commença de construire, à l'est du Forum, l'enceinte gigantesque que les deux autres empereurs flaviens, Titus et Domitien, terminèrent. Les juifs, dispersés après le sac de Jérusalem, y travaillèrent par milliers, comme leurs pères, les Ibris ou *Beni-Israël*

LE COLISÉE (L'ARÈNE).

(fils d'Israël), avaient, sous les Pharaons Ramessides, travaillé aux fameuses pyramides d'Égypte. Et, avant même que le Colisée ne fût achevé, Titus l'inaugura par des fêtes qui durèrent cent jours pleins et où périrent, dit-on, cinq mille bêtes et dix mille captifs : baptême bien digne de ce monument de meurtre destiné à voir tant de rouges mêlées, et où les victimes, avant de mourir, devaient encore saluer leur bourreau : *Ave, Cæsar! morituri te salutant!*

IV

La galerie supérieure du Colisée, posée sous Domitien seulement, fut détruite une première fois dès le commencement du IIIe siècle ; mais les deux successeurs de Macrin, Hélagabal et Alexandre Sévère (217-235), réparèrent l'injure subie par le monstre, de sorte que l'Arabe Philippe, à quelque temps de là, put y fêter magnifiquement le millième anniversaire de la fondation de Rome. Jusqu'à l'année 523, on donna dans le Colisée des combats de gladiateurs et de bêtes féroces. Il est probable qu'au VIIIe siècle il était encore à peu près intact, et que Charlemagne, lorsqu'il vint à Rome, put le voir dans toute sa splendeur.

On pense que ce fut Robert Guiscard qui commença de mutiler ses flancs gigantesques. Plus tard (1381) un tremblement de terre amena l'écroulement d'une partie de sa masse. Nous savons qu'il avait été entre-temps le théâtre d'un combat de taureaux où avaient péri dix-huit matadors, et auquel les dames de Rome avaient assisté sous le costume des matrones antiques. Nous savons aussi que, dans les querelles féodales, il servit de donjon aux Frangipani, aux Anibaldi et autres barons. Puis, quand les chevaliers en sortirent, les malandrins y entrèrent à leur tour, et l'amphithéâtre des Flaviens ne fut plus qu'un repaire de voleurs.

Ce furent les frères de la Chapelle Sainte qui le purgèrent de cette gent malfaisante; en récompense de ce service, la confrérie, dont on voit encore aujourd'hui l'écusson, — une image du Christ entre deux flambeaux, — sur une des arcades inférieures, reçut de la municipalité la jouissance d'un tiers du monument. Elle y installa un hôpital. Le pis, je l'ai déjà dit, ce furent les rapts de pierres dont le vieil édifice fut victime au profit de constructions nouvelles. Plusieurs des plus beaux palais de Rome lui ont pris littéralement leur substance, sont faits de sa chair et de ses os. On arracha jusqu'aux crampons de fer qui maintenaient les blocs de travertin dont était composée l'ossature maîtresse du géant. Cette exploitation systématique autant que sacrilège dura des centaines d'années; au siècle dernier seulement, le pape Benoît XIV y mit fin.

A cette époque, et depuis longtemps, l'intérieur même du Colisée était devenu un théâtre : on y jouait le mystère de la Passion; témoin cette vue de Jérusalem qui y est encore peinte. Il paraît aussi que des nonnes et des repenties s'y étaient fait *emmurer*. Benoît XIV, lui, le transforma en un véritable chemin de la Croix avec ses stations échelonnées, et chaque vendredi, du haut d'une chaire, un capucin fit un sermon à la foule. Ce n'est que depuis 1874 que les processions et prédications ont cessé dans l'arène païenne, désormais dépouillée de son calvaire et de ses stations.

La période de restauration de l'édifice date de Napoléon Ier et de Pie VII. Depuis lors quelques grands contreforts, ainsi que des pilastres et des voûtes, ont été tour à tour reconstruits. Le sol lui-même a été déblayé à plusieurs reprises, et les substructions inférieures ont vu le jour. Par malheur, l'eau qui y afflue et la difficulté de l'épuiser font toujours craindre un nouveau comblement, à moins que le déchaussement même des murailles ne refasse tout bonnement de la vaste enceinte ce qu'elle a été avant les Flaviens, c'est-à-dire un lac, — l'étang néronien.

V

Un autre ennemi non moins dangereux pour la grandiose ruine, c'est la végétation même qui, avec le temps, s'y est développée. Sur les pierres à demi effritées, sur les lucernaires qui plongent jusqu'aux Catacombes, l'herbe et la ronce étalent leurs panaches.

INTÉRIEUR DU COLISÉE.

Fenouils, anémones, mauves et lierre, y poussent à foison dans les interstices; des arbustes aux racines vagabondes y entre-croisent leurs griffes insidieuses; bref, il y a là toute une flore multiple où les observateurs n'ont pas reconnu moins de quatre cent vingt espèces différentes.

Je parlais tout à l'heure d'un des genres de pierre qui entrent dans la carcasse du colosse; c'est le *travertin*, appelé aussi pierre *tiburtine*, parce qu'on l'extrait aux environs de Tibur. Cet élément de bâtisse ne représente, dans la Rome antique, que la seconde période architecturale. La première est caractérisée par le *pépérin*, tuf volcanique de couleur gris-cendre ou vert-grisâtre, qu'on tira d'abord en grande partie des monts et des collines du Latium, et principalement des hauteurs d'Albano : d'où son nom de *lapis albanus*. Mais comme le grain en était trop friable et trop fin, on le remplaça plus tard par la concrétion calcaire plus poreuse et plus facile à tailler que j'ai désignée ci-dessus comme provenant des carrières de l'Anio. Blanc d'abord, le travertin tourne ensuite au jaune, puis au rougeâtre : de là les reflets caractéristiques qu'offre extérieurement le Colisée.

A ces deux sortes de pierre succéda, en troisième lieu, le marbre, devenu d'un emploi général sous Auguste, et importé de régions plus ou moins lointaines. Ce furent, paraît-il, Licinius Crassus et Mamurra qui donnèrent l'exemple de l'innovation, le premier en faisant ériger chez lui six petites colonnes en marbre de l'Hymète, le second en ornant sa maison du Cælius de revêtements de même espèce. Le travertin n'en resta pas moins toujours recherché et utilisé à l'égal même du précieux calcaire, et c'est lui qui a fourni la matière des plus grands édifices de la Rome moderne : Saint-Pierre, comme le Colisée, est bâti surtout en pierre tiburtine. Aujourd'hui encore, sur la route de Tivoli, il vous arrivera de croiser de petits chariots à deux roues attelés de plusieurs paires de bœufs qui, un anneau passé dans le nez, transportent lentement et majestueusement de gros blocs aux teintes multicolores : ces véhicules viennent des carrières de l'Anio, dont nous parle déjà Strabon le Géographe.

VI

Près de l'amphithéâtre flavien se voyait jadis une statue qui mesurait, dit-on, 40 mètres de hauteur, presque le double du fameux Saint-Charles d'Arona (lac Majeur)[1], et près de sept fois le Colosse de Rhodes. Cette statue passe pour avoir primitivement figuré *Phœbus-Apollo ;* puis Néron la fit décapiter, afin de lui mettre sur les épaules son chef de César histrion. C'était lors des créations merveilleuses de la Maison d'Or. Plus tard, quand le second des Flaviens annihila l'œuvre du petit-fils d'Auguste, le géant au torse d'airain dut encore une fois changer de visage pour figurer, comme de juste, un Titus. Ce n'était pas encore sa dernière métamorphose, car Commode, cent années après, jugea bon de substituer au galbe du vainqueur des Juifs sa propre effigie de César Gladiateur.

De même qu'il a changé trois fois de tête, le monstre de métal a changé trois fois de place. Il s'élevait d'abord dans une cour de la résidence néronienne; puis, quand Vespasien bâtit son temple de la Paix, il fut envoyé sur la voie Sacrée. Il était à peine à ce nouveau poste, qu'Hadrien s'avisa d'édifier son fameux temple de Vénus et Rome. On recula donc derechef le colosse, et celui-ci, en cette occurence, se fit traîner impérialement par vingt-quatre éléphants jusque devant le Colisée. Là, sur un piédestal nouveau tout à fait approprié à sa taille et qu'on peut voir encore aujourd'hui, il trouva enfin le repos, jusqu'au jour où, renversé par les Goths, il perdit sans doute du même coup sa tête et son corps.

1. Voyez notre *Italie pittoresque,* Hachette et Cie. 1 vol. in-8, de la *Bibliothèque des écoles et des familles.*

CHAPITRE IV

Chi Roma non vede... — Promenade par le mont Esquilin; les Sette Sale; la basilique de Saint-Jean-de-Latran. — A travers les solitudes du Cœlius. — San Stefano Rotondo. — Sites et échappées de vue. — Les thermes de Caracalla et les abords de l'ex-porte Capène. — L'Aventin. — Du monte Testaccio à la place Bocca della Verita. — Arcs de triomphe et *fornices*.

I

L'attrait caractéristique de Rome, c'est que, au rebours de ce que disait d'elle Aristide de Smyrne sous les Antonins[1], elle est et restera sans doute bien longtemps la seule des capitales de l'Europe où l'on trouve le calme de la campagne au milieu même du fracas de la ville, et le silence absolu de la solitude tout à côté du grouillement des foules. D'une rue vivante et bruyante on y débouche tout à coup sur un *vicolo* herbu et désert, où l'on ne rencontre plus que des groupes de *pifferari* en haillons, des âniers aux longues guêtres menant leurs roussins, ou quelque paysan de la Sabine campé sur son *carro* de montagne.

Pour se rendre d'un monument à un autre, on chemine parfois des quarts d'heure entiers entre des haies aux senteurs rustiques, à travers d'immenses espaces vagues, où l'on n'aperçoit quasi âme qui vive. *Chi Roma non vede, Roma non crede!* « Qui n'a pas vu Rome,

1. Voyez ci-dessus, chapitre 1er, page 26.

ne saurait s'en faire une idée, » c'est un dicton vrai au pied de la lettre.

Voulez-vous, par exemple, que nous allions du Colisée aux Thermes de Titus. Il nous faudra gravir l'Esquilin. Qu'est-ce que l'Esquilin? C'est une colline de quatre kilomètres de circuit environ, laquelle nous représente justement une de ces régions solitaires et agrestes, accotées aux flancs de la ville moderne, comme dans celle-ci les échoppes s'accotent aux flancs des palais. Là fut d'abord le cimetière des pauvres, puis, plus tard, le palais de Mécène, dont les jardins envahirent les deux tiers de l'*agger* de Servius Tullius, grande levée de terre dont il subsiste encore des vestiges, et qui commençait vers le nord aux portes *Piacularis* et *Colline*. Ces jardins de Mécène, de la terrasse desquels, nous apprend Horace, on voyait les monts de Tusculum et de Tibur, furent ensuite achetés par Tibère, et Néron, après lui, les relia à sa maison du Palatin.

L'Esquilin, haut de 75 mètres environ à l'endroit où passait la voie *Suburra*, n'est plus qu'un relief de 54 mètres vers le Viminal, avec lequel il est presque de niveau, si bien que les deux éminences ne se distinguent pas facilement l'une de l'autre. A son extrémité nord se trouve Sainte-Marie-Majeure, gigantesque bonbonnière à deux dômes avec un énorme clocher conique, qui est à Rome l'église de la Vierge par excellence. A sa cime sud-ouest est Saint-Pierre-aux-Liens (*San Pietro in Vincoli*). Rien de plus morne et de plus silencieux que l'espèce de place en terrasse sur laquelle s'élève cette dernière église, ainsi nommée parce qu'on y conserve les chaînes (*vincoli*) que portait l'apôtre saint Pierre dans sa prison de Jérusalem. C'est près de là, au milieu des vignes, qu'on a découvert, du temps de Raphaël, les restes des Thermes de Titus, ainsi que les réservoirs ou piscines appelés *Sette Sale* (les Sept Salles.) C'est enfin dans le voisinage que fut exhumé, en 1506, le fameux groupe du *Laocoon*.

De San Pietro in Vincoli nous pouvons gagner plus à l'est la rue qui passe sous l'arc de Gallien, puis, de l'église San Vito, à laquelle cet arc est collé, nous acheminer, près de l'Acqua Julia, vers Sainte-Croix-en-Jérusalem. A droite de cette basilique, bâtie par l'impératrice Hélène sur les jardins d'Hélagabal, se dresse encore un amphithéâtre, dit *castrense*, parce qu'il servait spécialement aux soldats

LES SETTE SALE.

et aux fêtes militaires. En arrière s'allongent la ligne crénelée et les arcades rouges des murailles d'Aurélien; des deux côtés courent, appuyés aux remparts, les vieux aqueducs de Claude et de Néron.

Le site est plein de grandeur et de mélancolie. Toutes les voies et ruelles qui aboutissent à ce plateau sont, comme lui, solitaires et

SAINTE-CROIX-EN-JÉRUSALEM.

sauvages. On a eu beau, dans ces derniers temps, commencer d'aplanir les pentes esquilines pour y établir le tracé de nouvelles artères, la partie orientale du coteau n'a rien perdu de son calme agreste. L'herbe y croît toujours dans les rues en contre-bas des jardins et des artères maraîchères, et le touriste, quand la pluie tombe, y est toujours crotté à souhait. Une allée gazonnée et rustique conduit de là vers la basilique de Saint-Jean-de-Latran, retirée, elle aussi, loin du bruit, aux confins extrêmes de la ville, sur une place austère et déserte, au milieu de laquelle se dresse le plus haut obélisque de Rome.

Saint-Jean-de-Latran tire son nom du sénateur Plautius Lateranus, qui fut, en même temps que Sénèque, mis à mort sous Néron, pour avoir pris part au complot des Pisons.

Ce Plautius avait son palais sur l'emplacement de l'église actuelle que Constantin, son fondateur, donna dès le début aux évêques de Rome pour qu'ils en fissent leur résidence. Voilà pourquoi elle est restée le siège du patriarcat romain et la cathédrale de la Ville Éter-

PORCHE DE SAINT-CLÉMENT.

nelle. C'est à Saint-Pierre du Vatican que les souverains pontifes sont les chefs spirituels de la chrétienté; mais c'est à Saint-Jean-de-Latran qu'ils ont le titre d'évêques de Rome, et c'est là que chacun d'eux, une fois élu pape, vient prendre possession de son siège: aussi cette église est-elle qualifiée : *mater et caput ecclesiarum urbis et orbis.*

PLACE SAN PIETRO IN VINCOLI.

Quelle perspective que celle dont on jouit du péristyle de la grande basilique ! A côté de vous, en regardant au sud, vous apparaît, à demi enfouie dans la verdure, à droite de la porte Saint-Jean actuelle, la vieille *porta Asinaria* par laquelle Totila et ses Ostrogoths envahirent Rome en 546. A gauche se détache le campanile brun de Sainte-Croix avec ses toits de tuile; puis, derechef, voici les arcades des antiques murailles; plus loin, la campagne romaine, toute semée d'aqueducs et de tombeaux, les collines du Latium avec leurs villas, et enfin, à l'arrière-plan, les montagnes bleuâtres de la Sabine.

De Saint-Jean-de-Latran, deux grandes voies à peu près parallèles et aussi désertes l'une que l'autre nous ramènent, au choix, vers le Colisée : ce sont les rues Labicane et Saint-Jean. A mi-chemin de ces deux artères de faubourg, nous rencontrons l'église Saint-Clément, surmontée d'un petit toit rond et précédée d'un atrium à portique, en avant duquel se trouve un porche ou *prothyrum*, tel qu'en avaient les basiliques primitives[1]. Des fouilles entreprises en 1859 ont fait découvrir au-dessous d'elle une autre église souterraine enterrée lors de la construction du vaisseau actuel, et que l'on peut visiter en de certains jours de l'année.

II

Nous sommes ici au centre de l'étroite dépression qui sépare l'Esquilin du Cælius. Cette dernière colline, qu'on appela d'abord mont des Chênes, à cause des hautes futaies de cette essence qui la couronnaient, est une région non moins champêtre que celle

1. La *basilique* romaine était, on le sait, un édifice à colonnes, terminé par un hémicycle, où les préteurs rendaient la justice et où les avocats donnaient leurs consultations. Ce genre de construction servit de type aux premières églises; seulement, les colonnes passèrent du dehors au dedans, afin de diviser le vaisseau en plusieurs nefs. L'extrémité de l'hémicycle fut le siège de l'évêque et de son clergé; le porche extérieur fut d'abord réservé aux catéchumènes et aux pénitents, qui restaient ainsi séparés des fidèles.

que nous venons de parcourir. Occupée originairement par des transfuges d'Albe la Longue, elle forma un bourg annexe qui fut rebâti au temps de Tibère, puis entièrement dévasté par Robert Guiscard. Aujourd'hui on semble vouloir le revivifier; un boule-

CAMPANILE ET ENTRÉE DU COUVENT DE SAINTS-JEAN-ET-PAUL.

vard a été ouvert de Saint-Grégoire à la porte Saint-Paul; mais cette percée a eu beau supprimer maint chemin tortueux aimé du touriste, j'imagine qu'ici, comme à l'Esquilin, il faudra un assez bon nombre d'années pour qu'un nouveau quartier sorte de terre.

En attendant la poussée de maisons provoquée par le devis des

RUE SAINT-JEAN DE LATRAN.

édiles, l'éminence continue d'être aussi paisible que le peuvent désirer l'artiste et le rêveur. La nuit même, l'obscurité et la solitude y sont telles, qu'il n'est peut-être qu'à demi prudent de s'y risquer sans un bon gourdin. Déjà au temps des Romains cette partie de la ville, quoique très peuplée, avait mauvais renom. Dès « l'heure de la première torche », les rôdeurs y abondaient, paraît-il, et aussi, à ce que croyait le vulgaire, cette gent impalpable de sorcières ailées qu'on désignait sous le nom de *stryges*, et qui, invisibles dans l'air, étaient censées boire le sang des petits enfants [1]. Aussi avait-on bâti sur le Cælius un temple à la nymphe Carna, l'amie de Janus, que le peuple invoquait contre les vampires.

Trois églises principales, Saints-Jean-et-Paul, Saint-Étienne le Rond, et Saint-Grégoire, jalonnent les pentes de la morne colline.

On monte à la première par une rampe latérale, l'ancien *clivus Scauri*, que domine à gauche pittoresquement l'abside même de l'église, et qu'enjambent de grands arcs-boutants, soutènement du couvent des Rédemptoristes. A l'arrière-plan de la perspective, c'est-à-dire à droite en allant vers l'est, apparaît, encastré dans des bâtisses, l'arc massif de Dolabella et de Silanus, lequel dessine l'angle occidental de la via della Navicella. De l'autre côté de cette dernière rue s'élève San Stefano Rotondo, ainsi appelé de sa forme circulaire propre aux basiliques constantiniennes. Ce temple ne s'ouvre qu'une fois l'an, le 26 décembre, jour de la fête du saint auquel il est consacré, et attire alors une foule incroyable de Transtévérins et de contadines (paysannes).

Quant à l'église Saint-Grégoire, elle est sur le revers ouest du mont, en face de la via de' Cerchi et de la vallée du cirque Maxime; de la terrasse qui y attient on découvre à souhait les ruines des palais impériaux sises à l'opposite.

1. Cette superstition populaire existe encore aujourd'hui, et, dans mainte région de l'Italie, on appelle *streghe* (du latin *stryx*) ces sortes de monstres volants.

III

Si de là on infléchit au sud-est, par la rue plantée d'arbres qui conduit à la porte Saint-Sébastien, le site devient de plus en plus

SAN STEFANO ROTONDO.

agreste. Sur de petits murs effrités apparaissent des touffes bizarres de broussailles mêlées çà et là de campanules aux fleurs jaunes. Mûriers, lauriers-roses, figuiers et sureaux essaiment au milieu de cette solitude qu'animent seuls des chants d'oisillons ou le pas cadencé d'un cordier qui file mélancoliquement ses brins de chanvre sur les bas-côtés de l'avenue. Puis, tout à coup, dans une sorte d'évidement à main droite, vous heurtez un gigantesque débris, placé au bout du vallon circulaire, comme le pendant de cet autre monstre, le Colisée, qui commande l'entrée nord du dédale : ce sont

ARC DE DRUSUS.

les thermes de Caracalla, la ruine romaine la plus imposante avec l'amphithéâtre flavien.

Deux fragments d'exèdres (ou hémicycles), une quantité de petites chambres, une vaste rotonde et trois grandes arcades faisant précisément face à la rue de la Porte-Saint-Sébastien, attestent encore la splendeur inouïe de cette construction, qui mesurait 1400 mètres de pourtour et renfermait 1600 sièges de bain en marbre poli. Les hémicycles étaient consacrés à la gymnastique et aux spectacles, les petites chambres aux gens de service; la grande salle en rotonde constituait le *caldarium* ou bain de vapeur, que chauffait un fourneau extérieur désigné sous le nom de *laconicum*. Les trois grandes arcades enfin formaient l'entrée du bain froid (*frigidarium*), où l'on pénétrait tout d'abord après qu'on s'était dépouillé de ses vêtements dans la pièce dite *apodyptère*.

Il y avait aussi le *tepidarium* ou bain tiède, grand bassin où l'on pouvait presque nager. Tout un peuple d'oigneurs, de parfumeurs, de frictionneurs, d'épileurs, de masseurs, composait le personnel de rigueur de ce vaste établissement d'hydrothérapie, sorte de cercle et de club à la fois, où tous les genres d'exercices, toutes les variétés de divertissements étaient réunis pour le plaisir du public, et où les statues se comptaient par centaines. Et quelles statues! L'Hercule Farnèse, la Vénus Callipyge, la Flore, le Torse du Belvédère, le Taureau Farnèse, pour ne citer que les chefs-d'œuvre de sculpture exhumés au XVIe siècle de ces ruines.

Quelques pas encore dans la direction des murs d'Aurélien, et au milieu d'un enclos (*vigna*), en deçà de l'ancienne porte Capène, nous rencontrons un monument d'autre sorte : c'est le tombeau des Scipions.

Il n'en reste qu'un labyrinthe de chambres souterraines, où l'on a découvert, à la fin du siècle dernier, le sarcophage en pierre pépérine de Lucius Scipion Barbatus[1], le vainqueur des Samnites. Quant au mausolée du second et du plus grand des Scipions, celui

1. C'est-à-dire Scipion le *Barbu* (comme on disait Brutus *barbatus*), épithète qui caractérise la simplicité patriarcale de l'âge primitif, car, à partir de l'année 300 avant Jésus-Christ, époque où le premier barbier vint à Rome, tout le monde cessa de porter sa barbe. Ce fut Hadrien le premier qui laissa repousser la sienne, pour cacher, paraît-il, un signe, une *envie*, qu'il avait au visage.

qu'on a surnommé l'Africain, il ne se trouve pas dans cette sépulture de famille; il vous faut aller le chercher vis-à-vis du Champ de Mars, vers l'église Santa Maria Traspontina.

Un peu plus loin, voici les débris de l'arc de Drusus. Nous n'aurions plus qu'à franchir la porte contre laquelle cette ruine est posée pour nous trouver sur la voie Appienne extérieure; mais le moment n'est pas venu encore de nous engager par la *campagna;* il nous faut d'abord achever notre exploration de la Ville Éternelle, et rétrograder du côté de l'Aventin.

IV

Le mont Aventin, la plus méridionale et la moins haute (42 mètres) des collines romaines, regarde d'un côté le Cælius, et de l'autre le Palatin, dont le sépare cette vallée Murcienne déjà mentionnée, *vallis Murtia* ou *Murcia*, ainsi appelée, à ce qu'on prétend, des myrtes qui croissaient sur ses pentes. Il tient son nom du chef albain Aventinus qu'on y enterra, et fut, on le sait, la forteresse de l'opposition plébéienne à Rome. C'est un plateau désert, assez malsain, et raclé des vents, comme au temps de Tite-Live. Des cultures maraîchères et des jardinets occupent la majeure partie de son aire.

Il présente deux cimes, entre lesquelles se creuse une espèce de ravin. L'une, à l'est, la moins élevée, qu'on nomme parfois le faux Aventin, est marquée par l'église Sainte-Balbine, d'où l'on plane si magnifiquement sur les immenses thermes de Caracalla. L'autre est le sommet nord-ouest qui porte ce curieux cloître de Sainte-Sabine sous lequel on a découvert, il y a quelques années, des restes de galeries antiques et des fragments de l'enceinte de Servius Tullius. L'âpre terrasse, hérissée de ronces et d'arbustes, qui domine de ce côté le cours sinueux du Tibre, est un des plus beaux belvédères d'où l'étranger puisse contempler Rome.

Dans la plaine située sous le revers sud de la colline, à l'endroit où le fleuve sort de la ville, se dresse le *Monte Testaccio* (mont des Tessons). C'est une hauteur artificielle, née de l'accumulation des poteries brisées et hors de service, amphores à vin, jarres à huile, jetées sans cesse à cette place par les paysans et approvisionneurs de toute sorte qui apportaient jadis leurs denrées à l'*emporium* ou marché établi un peu en amont près du Tibre. Ce dépôt commun de débris a fini par former à la longue un véritable monticule de 1500 mètres de circonférence et aussi haut que le Capitolin. C'est

PORCHE DE SAINTE-SABINE, SUR L'AVENTIN.

là que le Poussin avait coutume de venir admirer le panorama de Rome au soleil couchant. De nos jours, on a creusé dans ces terrains naturellement frais des caves pour y loger le vin. Ajoutons que les nombreuses *osterie* de ce quartier de barrière, appelé à devenir, dans les plans nouveaux de l'édilité, le centre d'une grande agglomération ouvrière, sont, les dimanches et les jours de fêtes, surtout à l'automne, le rendez-vous bruyant du menu peuple.

Près de là, tout contre la porte San Paolo, se trouve la Pyramide de Cestius, chambre sépulcrale bâtie au premier siècle de notre ère à l'imitation des tombeaux des Pharaons égyptiens; il ne reste malheureusement que peu de traces des peintures qui ornaient les parois internes de cet édifice funéraire.

V

De cette extrémité sud de la ville, nous pouvons revenir entre l'Aventin et le Tibre par la longue chaussée qui s'appelle d'abord

PYRAMIDE DE CESTIUS.

via della Marmorata, parce que là était autrefois l'entrepôt des marbres d'Italie et de Grèce qu'on débarquait au port inférieur (*navalia*) établi par Ancus Martius. La section initiale de la rue est tout ce qu'il y a de plus désert; on n'y entend guère d'autre bruit que le cri du goéland et de la mouette planant à gauche sur les eaux du fleuve; mais, plus en amont, là où elle prend le nom de via Salaria (du voisinage de magasins de sel), des maisons en forment la bordure. On passe devant l'emplacement de l'ex-pont *Sublicius*,

LE TIBRE EN FACE DE LA CLOACA MAXIMA.

illustré par l'exploit de Coclès, et dont il ne subsiste plus rien à cette heure, et l'on arrive à la place Bocca della Verita.

A gauche, sur la berge, on aperçoit la *Cloaca Maxima*, autrement dit le grand égout collecteur, gigantesque canal demeuré aussi solide aujourd'hui qu'au temps où Tarquin l'Ancien l'établit pour opérer le dessèchement du Vélabre et le drainage de tous les vallons voisins. Un fragment de la vaste gueule bâille à ciel ouvert à l'endroit où s'y écoule la source Juturne aux claires ondes. Quant à la

FONTAINE DE BIZZACHERI ET TEMPLE DU SOLEIL.

place Bocca della Verita, elle doit son appellation bizarre à une grande bouche béante en marbre veiné, sans doute un ancien orifice de fontaine, qui se trouve appliqué au mur sous le porche de l'église Sainte-Marie in Cosmedin, située au fond du carrefour, à l'angle nord de l'Aventin, et qui a elle-même succédé à un temple de Cérès et de Proserpine.

Tout à côté est une *loggia* surmontée d'une étrange construction qu'on appelle *Casa di Rienzo;* là demeura le fameux tribun qui gouverna un moment la commune de Rome au XIVe siècle.

Plus près du Tibre, presque au-dessus de la Grande Cloaque, s'élève le petit temple de la Fortune du hasard, *Fors Fortuna* (aujourd'hui Sainte-Marie l'Égyptienne), flanqué de la jolie rotonde du Soleil, qui a elle-même pour pendant la fontaine où Bizzacheri, au temps de Clément XI, a sculpté une rocaille portant deux sirènes.

Non loin de là aussi, à l'entrée du Marché aux Bœufs (rue San Giorgio in Velabro), est un arc à quatre faces, dit *Quadrifrons*, datant de l'époque de Septime Sévère, et à propos duquel il convient de rappeler qu'il existait à Rome plusieurs espèces d'arcs. Il y avait d'abord les arcs de triomphe proprement dits, qui servaient à l'embellissement de la ville en même temps qu'aux pompes militaires. Outre ceux que nous connaissons déjà (arcs de Titus, de Septime Sévère, de Constantin, de Drusus, etc.), il y en avait d'autres en nombre infini dans les différents quartiers et faubourgs. Tels étaient les deux arcs de Tibère, l'un sur le Forum d'Auguste, l'autre près du théâtre de Pompée; ceux de Trajan, sur le Forum du même nom; un second arc de Drusus, sur la voie Appienne; celui de Gordien, sur la voie Prénestine; ceux de Gratien, de Valentinien et de Théodose, qui terminaient une longue file de portiques, à l'extrémité de la voie Triomphale; puis d'autres encore, sur la *via Lata*, sur le *clivus Argentarius*, et à l'endroit où cette dernière rampe s'embranchait au *clivus Capitolinus*. Mais en dehors de ces arcs purement triomphaux il y avait ce qu'on appelait des *fornices*, arcs servant de passage et dressés aux points les plus fréquentés de la ville. Suivant que sous leurs voûtes le transit était simple ou entrecroisé, ils étaient tantôt à deux fronts, comme l'est notre porte Saint-Denis, tantôt à quatre, comme notre arc de l'Étoile. C'est à cette dernière catégorie qu'appartenait l'arc *quadrifrons* du *Forum boarium;* c'était un véritable portique, un lieu de réunion, à l'abri du soleil et de la pluie, où les marchands causaient et traitaient leurs affaires.

CHAPITRE V

La place Montanara et le théâtre de Marcellus. — A travers le quartier de la Vieille-Poissonnerie. — Chronique du Ghetto. — Types et mœurs de la tribu de Jacob. — Coup d'œil par les ruelles et impasses. — L'île du Tibre; ponts antiques et modernes. — Alla Regola. — Le long de la berge. — Les crues du Tibre et la correction du lit de la rivière.

I

Entre le revers sud de la Roche Tarpéienne et l'île du Tibre se trouve une place étrange, à l'aspect essentiellement plébéien, et qui est le rendez-vous de prédilection des gens de la banlieue. Le dimanche surtout et les jours de fête, les couples de paysans y affluent avec leurs enfants et leurs ânes. Les hommes portent le manteau bleu et le chapeau pointu, les femmes le corsage blanc et le tablier rouge. Bonne aubaine que ces bans de Campagnols pour les menues industries du carrefour. L'un essaye des chaussures, l'autre achète des clous ou bien dicte une lettre, et chacun se régale à l'envi de limonade et de galette.

Cette place si originale, c'est la piazza Montanara.

Elle confine au théâtre de Marcellus ou du moins aux débris de ce théâtre, car il n'en reste que des arcades à demi ruinées, où se sont logées de sordides échoppes, et dont les voûtes en pierre tiburtine, devenues des antres de Vulcain, sont toutes noircies par la fumée de forge.

Commencé par César et terminé par Auguste, qui lui donna le nom de son neveu chéri, l'enfant de sa sœur Octavie célébré par les vers de Virgile, ce théâtre, entouré de portiques, pouvait contenir deux mille spectateurs. Détail à noter : ce fut lors de son inaugu-

FONTAINE DES TORTUES.

ration que le premier tigre dressé fut exhibé aux regards des Quirites. Au moyen âge, les Colonna le transformèrent en une forteresse, et son aire intérieure s'emplit de décombres. Par la suite, les Orsini y encastrèrent leur palais à quatre étages, devant lequel sont deux oursons de pierre, emblème de la toute-puissante famille. Enfin,

FRONTON DU PORTIQUE D'OCTAVIE.

aux murailles en saillie sur la place s'adossèrent les maisons qu'on y voit encore.

Nous n'avons qu'à contourner cette ruine massive pour pénétrer

PORTAIL DE SAINT-ANGE.

dans la région de la Vieille-Poissonnerie (*Pescheria Vecchia*), qui est environnée de trois côtés par des murs, et, du quatrième, par le Tibre.

Elle s'étend, au nord, jusqu'à la place où se dresse la jolie fontaine des Tortues (*fontana delle Tartarughe*), et, à l'est, jusqu'à la rue, au nom assez significatif, des Boutiques Obscures (*Botteghe Oscure*).

Ce n'est qu'un lacis d'artères borgnes et étroites, bordées de constructions aux toitures en auvent. Sur des cordes tendues d'une maison à l'autre se balancent sans vergogne toutes sortes de nippes innommées qui ont pris le travers de la chaussée pour séchoir. La perle de ce quartier, qui fut, je l'ai dit, incendié sous Titus, c'est

BAS-RELIEF DE L'ARC DE TITUS.

le fameux portique d'Octavie, bâti également sous Auguste, et dont il ne subsiste plus que quelques colonnes cannelées et un vaste fronton sis au-devant de cette petite église Sant' Angelo in Pescheria, d'où, en 1347, Rienzi sortit pour monter au Capitole.

Là, naguère, se tenait le marché au poisson, transféré depuis 1877 dans la via San-Teodoro, près de la place de' Cerchi. Bien que les dalles en marbre blanc qui y figurent encore comme étals aient cessé aujourd'hui de servir au dépècement de mille variétés d'êtres pélagiques, d'âcres aromes continuent néanmoins d'y monter de toutes parts dans les airs.

Une autre curiosité de ce *rione*, c'est le *Ghetto* ou quartier des juifs.

Ce fut, on le sait, à l'occasion de la prise de Jérusalem que fut élevé sur le Forum par le Sénat et le Peuple romain ce magnifique arc de Titus, sous lequel, maintenant encore, aucun juif ne consent à passer. Tout y raconte en effet les malheurs de Sion et le fastueux triomphe de l'empereur flavien. Sur la frise est le fleuve

AUTRE BAS-RELIEF DE L'ARC DE TITUS.

saint du Jourdain personnifié par un vieillard étendu au milieu d'une civière. A gauche, sous l'arcade, le César trône sur un char attelé de quatre chevaux, dont une femme représentant Rome tient les rênes. Un gros de soldats suit et précède. A droite, on voit, traînés en triomphe, la foule des captifs et tous les ustensiles du Temple, le Chandelier aux sept branches, la Table d'or, l'Arche d'alliance et les trompettes du Jubilé : symboles sacrés que vous retrouverez également sculptés aux murs de mainte maison du Ghetto et aussi aux parois de la Synagogue.

Une légende juive, dont le sens est assez transparent, veut que, lors du triomphe de Titus, au moment où le pompeux défilé traversait précisément le Forum, un moucheron soit entré dans le nez du César et ait pénétré jusqu'à son cerveau, le lardant cruellement de son aiguillon. Ce ne fut que lorsque le cortège vint à passer devant l'échoppe d'un forgeron que l'insecte, effrayé par le bruit des marteaux, cessa momentanément ses piqûres. De quoi Titus fut si enchanté, qu'il voulut qu'on établît une forge à demeure près de son palais; malheureusement, ajoute la légende, — et la phrase est passée en proverbe chez les juifs, — « le moucheron s'habitua aux coups de marteau ».

II

Avant de parcourir la cité hébraïque, racontons-en brièvement l'histoire.

Hier seulement, en quelque sorte, elle a vu cesser le régime d'exception qui pesa si longtemps sur elle. Moins heureux que leurs coreligionnaires de Toscane, à qui, dès le XVIIe siècle, les Médicis octroyèrent de grandes libertés, les habitants de la Juiverie romaine, au commencement du XVIIIe siècle encore, sous les papes Clément XI et Innocent XIII, menaient une vie des plus misérables. Innocent XIII leur interdit tout autre métier que le trafic des chiffons, des vieux draps, et aussi des vieux fers, ce qu'on nommait *stracci ferravi* (les haillons de fer). Ce ne fut que sous son troisième successeur, Benoît XIV, qu'ils furent autorisés à faire le commerce des draps neufs. Jusque-là ils s'étaient bornés à colporter toutes sortes de friperies, en allant répéter de porte en porte ce mélancolique refrain : *hep! hep! Robe ve!* (*Roba vecchia*, vieux habits), qu'on entend encore aujourd'hui, tant à Rome qu'à Paris, sortir de la bouche du vieux juif cheminant le sac à l'épaule par les rues.

Déjà cependant, parmi eux, en dépit de l'énorme taxe qu'ils payaient, on comptait quelques familles riches. Quelle était la source de cette fortune? L'usure. Nul pape ne put mettre un terme à ce négoce de banque lucratif, pratiqué au taux de 18 pour 100. Nobles et princes de l'Église, endettés à qui le mieux, s'entendaient pour soutenir ce peuple de prêteurs et de manieurs d'argent dont ils ne

ENTRÉE DU GHETTO.

pouvaient se passer. On avait beau le couvrir publiquement de mépris et d'injures, et chaque soir, après l'*Ave Maria*, l'emprisonner comme une gent de lépreux dans ses bouges infects, le juif prenait secrètement sa revanche en extrayant le plus d'écus possible des poches du chrétien.

Ce paria, qui ne pouvait sortir de chez lui sans porter la marque jaune au chapeau, se voyait, à de certaines heures, reçu avec force cajoleries par des cardinaux et même par des papes. Jean de Capistrano, au xve siècle, avait bien offert une flotte à Eugène IV pour enlever et transporter d'un coup tous les habitants du Ghetto; on n'avait eu garde d'accepter son offre.

Convertir, de gré ou de force, les fils d'Abraham, tel était le rêve favori des souverains pontifes : œuvre pie et d'hygiène à la fois. puisque l'on croyait que ces impurs exhalaient de leur corps une odeur fétide qu'ils ne perdaient que par le baptême. Au xvie siècle Grégoire VIII ordonna qu'ils entendraient le sermon une fois par semaine. On vit alors, le jour du Sabbat, les agents de police envahir la Juiverie et rabattre, lanière en main, vers l'Église, non seulement les hommes et les femmes, mais encore les enfants au-dessus de douze ans. A la porte du temple, un surveillant comptait ceux qui entraient; dans le sanctuaire même, les sbires étaient là, épiant l'attitude des catéchumènes, et si l'un de ceux-ci s'endormait ou ne semblait pas assez attentif, un bon coup de fouet le rappelait à l'ordre.

C'étaient les moines dominicains qui étaient chargés de ces prêches, lesquels eurent lieu d'abord à l'église San Benedetto alla Regola, et plus tard à Saint-Jean de la Poissonnerie.

Tant de zèle n'allait pas toujours en pure perte. Il arrivait en effet parfois qu'un israélite recevait le baptême; en récompense, on lui octroyait le droit de cité et certains avantages découlant de celui-ci. Alors aussi, comme c'est le cas ordinaire, le nouveau converti devenait plus âpre au prosélytisme que les convertisseurs mêmes. Ce fut sans doute un juif apostat qui grava au-dessous d'un crucifiement, sur le front d'une église placée vis-à-vis du Ghetto, non loin du pont Quattro Capi, dont il sera question tout à l'heure, ce verset comminatoire tiré d'Isaïe : « Je ne cesse d'étendre mes mains vers ce peuple rebelle qui s'obstine à cheminer dans une voie qui n'est pas la bonne! »

Aujourd'hui encore, chaque année, le samedi veille de la Pentecôte, on a coutume de baptiser solennellement un israélite dans la chapelle de Saint-Jean de Latran : au besoin même, on va chercher le néophyte hors de Rome, et si la tribu de Jacob ne fournit point le sujet voulu, on prend tout bonnement un renégat de l'Islam.

Ajoutons qu'il n'y a pas bien longtemps les juifs étaient tenus, lors du Carnaval, de courir à pied dans le Corso pour le divertissement de la foule.

Ce fut le pape Léon X qui accorda à ces opprimés le droit d'acquérir des immeubles. Avant lui, les maisons du Ghetto étaient demeurées, de par la loi, propriété exclusive des Romains. Seulement, en vertu du privilège qu'on appelait le *Jus Gazzaga*, les habitants du quartier maudit avaient la location de leurs demeures à bail héréditaire, et, pourvu qu'ils payassent exactement leur dû, on ne pouvait ni leur donnner congé, ni augmenter le prix de leurs logements, dans lesquels ils étaient libres de faire les modifications et aménagements à leur convenance.

Léon X élargit en outre le périmètre de la Juiverie en y englobant la via Reginella et une partie de la Pescheria, de sorte que désormais le quartier eut huit portes, toujours surveillées et fermées la nuit par des chaînes. Lors de la domination francaise à Rome (1798-1814), le Ghetto respira un moment; mais il fut clos derechef par Pie VII, et ce fut seulement en 1847 que Pie IX leva définiment l'ostracisme qui pesait sur lui et en fit tomber les murailles d'enceinte. Néanmoins, quoique émancipé, ayant le droit d'habiter où il veut et d'exercer tel métier qu'il lui plaît, l'israélite de Rome n'a guère modifié ses mœurs ni son train d'existence. Le préjugé populaire aidant, il s'obstine à vivre comme à huis clos dans l'étroit et sordide quartier de ses pères. A l'heure qu'il est, toute la juiverie, *Universita degli Ebrei*, compte environ 4000 habitants. C'est trois ou quatre fois plus que le Ghetto n'en devrait contenir, étant donnée sa superficie. Quant au cimetière juif, il est dans un enclos du vieux cirque Maxime, *Orti degli Ebrei*, sous des foisonnements d'herbe sauvage et de ciguë.

III

La rue la plus basse du Ghetto est cette mélancolique via Fiumara, qui s'étend au bord du Tibre, et dont les bâtisses plongent en partie dans l'eau. Aussi, chaque année, lors des crues, Israël, qu'il le veuille ou non, s'y voit-il baptisé par le fleuve, qui parfois même transforme tout le quartier en une arche de Noé. En ces jours de ressouvenance biblique, tout ce qui loge d'ordinaire en bas se réfugie aux étages supérieurs, et la commune misère monte aussi de plusieurs degrés au-dessus de l'étiage. On voit par une marque indiquant le niveau de l'inondation de 1846 que les flots de la jaune rivière emplirent alors jusqu'au plafond les rez-de-chaussée des habitations.

Un peu plus haut est la place des Pleurs, ainsi nommée de l'église Santa Maria del Pianto, et qui fait penser à ce mot du prophète Jérémie : « J'étends les bras et je pleure; mes yeux versent des ruisseaux de larmes, et il n'est personne qui me puisse consoler. » Tout un peuple, en effet, a pleuré là, inconsolable. Près de la place s'élève entre deux églises un grand vieux palais bâti sur les ruines du théâtre de Balbus. C'est le palais Cenci, de sinistre mémoire.

Pénétrons maintenant dans une des ruelles où grouille l'étrange bohème hébraïque. Quel caravansérail sans pareil!.. Tout Israël est devant vous besognant sur les portes ou dans des cours qui reçoivent à peine la lumière du jour. Et quel pêle-mêle de loques [1] et de fines guipures, de vieux tessons et de bijoux précieux, encombre les nauséabondes échoppes du dédale! Les défroques de tous les âges et de tous les pays semblent s'y être concentrées comme dans une sorte de vestiaire historique. Regardez : voici des habits de toute mode, depuis l'époque de Scipion l'Africain et de Cléopâtre jusqu'à celle de Barberousse et de Grégoire VII. Et les filles de Sion, qui sont les premières ravaudeuses du monde, vous transforment,

1. En italien, justement, *cenci; cenceria*, tas de chiffons.

COUR D'UN VIEUX PALAIS A LA PESCHERIA.

avec une adresse d'Arachné, les plus vieux tissus en draperies d'une finesse hors ligne et sans défaut.

C'est principalement dans la Fiumara et dans les impasses ou ruelles borgnes, telles que la *via delle Azzimelle* (rues des Pains azymes), qu'abondent ces cavernes à friperie. Hommes, femmes et enfants y tirent l'aiguille à l'envi. Et quels types hâves et déguenillés, que d'horribles Calibans accroupis, à la peau jaunâtre ou cuivrée, que de vieilles sorcières aux cheveux de filasse, au cuir rugueux et parcheminé!

Çà et là pourtant une belle jeune fille à la noire prunelle vous rappelle la biblique figure de Rachel.

Un peu moins sombre et moins repoussant est l'aspect des rues plus élevées, et notamment de la via Rua, qui est comme le Corso de la Juiverie. Là demeure, dans des maisons un tantinet mieux aménagées et mieux aérées, ce qu'on pourrait appeler l'aristocratie financière du Ghetto; là se trouvent les boutiques d'antiquaires et les magasins de marchandises précieuses. Maint négociant de ce quartier, lorsqu'il a achevé de faire fortune, va, paraît-il, s'établir en Toscane.

La synagogue, située près de la place des Pleurs, comprend cinq écoles : la Scuola del Tempio, la Catalana, la Castigliana, la Siciliana et la Scuola Nuova : d'où il suit que le Ghetto tout entier se subdivise en cinq districts ou diocèses, dont chacun présente un caractère différent selon la nationalité qui y domine. Dans chaque école les enfants apprennent à lire, à écrire, à compter, et à déchiffrer le Pentateuque. La synagogue romaine est moins riche que celle de Livourne, qui est la plus opulente du monde; mais elle est, en revanche, plus originale. La salle principale possède un plafond à caissons comme une basilique. Ai-je besoin de dire que les reliefs en stuc qui règnent autour de la frise représentent les symboles traditionnels dont j'ai déjà eu occasion de parler : le temple de Salomon, la mer d'Airain, les harpes sur lesquelles la nation captive exhalait ses plaintes aux rives de l'Euphrate, et tous les ustensiles du saint culte.

IV

En face du Ghetto est l'île Saint-Barthélemy, jadis île du Tibre (*insula Tiberina*), longue de 300 mètres environ sur 100 de largeur, et dont une légende explique ainsi l'origine.

Lors de l'expulsion du dernier Tarquin, le peuple ravagea un champ que le tyran possédait aux portes de Rome et en jeta le blé dans le Tibre. Les gerbes s'arrêtèrent au milieu du fleuve et y formèrent un noyau d'attérissements qui prit avec le temps la consistance d'une île. Deux siècles durant, ce terrain demeura à l'état vague; puis, lorsque, l'an 461, l'image d'Esculape sous la forme d'un serpent, fut apportée d'Épidaure à Rome, afin de faire cesser une peste qui désolait la cité des Quirites, on la débarqua à la pointe sud de l'île, et là on bâtit un temple précédé de portiques sous lesquels on exposait les malades. Alors aussi, pour consolider le sol environnant, on y construisit un mur figurant la poupe d'une trirème, en souvenir du bateau qui avait amené le dieu secourable.

Une partie de ce quai-trirème existe encore, nouvellement restauré, sur le bras oriental de la rivière. Vis-à-vis du sanctuaire d'Esculape, remplacé par l'église actuelle de San Bartolomeo, il y eut en outre un temple de Jupiter, et, à la terrasse opposée, un temple de Faune.

L'île est rattachée à la rive gauche par le pont *de' Quattro Capi* ou des Quatre Têtes (ancien pont Fabricius), ainsi appelé des hermès à quadruple face qui en décorent les extrémités; elle communique avec la rive droite ou transtévérine par le pont Saint-Barthélemy (anciennement *Cestius*). De chaque côté du relief insulaire, le cours du fleuve est large et profond. Un pêle-mêle de fabriques et de constructions dépourvues d'ordonnance, d'où pointent de noires cheminées, en rend l'aspect des plus pittoresques.

Un peu plus en aval, contre l'ex-Vélabre, est le ponte Rotto ou pont Rompu (jadis *Palatinus*), le premier de Rome qu'on bâtit en

ILE DE TIBRE ET PONT QUATTRO CAPI.

pierre; il doit son appellation moderne à l'inondation qui le disloqua au XVIIe siècle.

Plus en amont, au contraire, se trouve le *Ponte Sisto* (anciennement *Janiculensis*), reconstruit par le pape Sixte IV.

Entre ce pont et le Ghetto, d'où nous venons de sortir, la rive déserte est dominée par une file bizarre d'habitations étagées les unes au-dessus des autres, et qui semblent se pousser mutuellement à l'assaut du ciel. Sur la rue principale, qui se déroule sinueusement le long du fleuve jusqu'à la *via de' Pettinavi* ou des Cardeurs, s'embranchent des venelles mystérieuses et sombres au fond desquelles se cachent des palais flanqués de basses-cours et de cloaques, d'où sortent furtivement des mendiants ; çà et là, des fissures des pierres jaillissent des bouquets de lauriers-roses et de citronniers : c'est le quartier qu'on appelle le *rione della Regola* (*aerola*), à cause des sables déposées ici par le Tibre. Une forte odeur de cuir mêlée à des parfums de *broccoli* (bouillon de choux) témoigne qu'il est en majeure partie habité par des tanneurs.

Si, de la berge croulante et volontiers remplie d'immondices, vous regardez au milieu de la rivière, vous apercevez plusieurs moulins établis sur des pontons, et dont les roues sont mues par le flot.

Ces moulins flottants sont une invention de Bélisaire. Au temps jadis, il y avait en effet sur la rive droite et sur les pentes du Janicule nombre de moulins tels qu'on en voit encore aujourd'hui sur le chemin de la porte Saint-Pancrace. Ils étaient mis en branle par l'*aqua Trajana*, comme ils le sont maintenant par l'*acqua Paola*. Mais quand les Ostrogoths de Vitigès vinrent assiéger Rome au VIe siècle, leur premier acte fut de détruire l'aqueduc qui apportait l'eau trajane; dès lors les moulins cessèrent de marcher, si bien que Bélisaire, pour assurer l'approvisionnement de la ville en farine, imagina d'installer des bateaux amarrés par des câbles devant le susdit pont *Janiculensis* et d'y placer des machines à moudre.

V

J'ai déjà parlé à plusieurs reprises des crues auxquelles le Tibre est sujet. Ces crues sont d'autant plus terribles que le versant des Apennins qui regarde Rome est tourné justement vers l'ouest et le sud-ouest. Or les vents, qui en hiver apportent de ces deux points de l'horizon les nuages et les pluies, sont aussi les mêmes qui soufflent à l'encontre des eaux fluviales dans le delta d'Ostie et qui en entravent l'écoulement à la mer. Tite-Live nous dit qu'au temps de Scipion l'Africain les bas quartiers et le Champ de Mars furent submergés douze fois en un an. Horace nous montre aussi le Tibre violemment refoulé par un coup de *libeccio* (vent du sud-ouest) de la rive droite sur la gauche.

Sous Tibère, nous affirme Dion Cassius, une grande partie de Rome fut inondée à tel point qu'on allait en bateau par les rues. De même la fontaine de la *Barcaccia*, érigée sur la place d'Espagne, rappelle qu'au commencement du XVIIe siècle les flots du fleuve, traversant toute la ville moderne, envahirent le Corso et les rues voisines, et montèrent jusqu'au pied du Pincio, de sorte qu'une barque vint s'amarrer à cette place. Un autre débordement fameux fut celui qui eut lieu dans l'automne de 1870, peu de temps après l'entrée des Piémontais à Rome.

C'est que, même pendant la saison sèche, le Tibre, alimenté sans doute, comme c'est aussi le cas du Sacco, par des gouffres souterrains de l'Apennin où s'accumulent les eaux pluviales, continue de charrier un volume d'ondes égal à son débit moyen.

Aussi les Romains en avaient-ils de bonne heure empierré les rives, et ils avaient soin de le faire curer périodiquement [1]. De nos jours, pour parer aux inondations dont le Ghetto, la Ripetta et la place du Panthéon ont surtout à souffrir, Garibaldi avait conçu

1. Auguste avait institué des *Curatores Tiberis*.

un vaste plan de correction du fleuve. Si l'on n'a pas donné suite à l'idée, on s'est du moins mis à nettoyer et à rectifier le lit de la rivière. À grand renfort d'expropriations, on a jeté en outre par terre, pour faire place au quai dit *lungo Tevere* [2], un énorme écheveau de maisons emmêlées et tout un chaos de murailles qui usurpaient étrangement sur la berge. En même temps a eu lieu une revision générale des voies de communication à travers le Tibre. De vieux ponts ont été supprimés, de nouveaux ont été bâtis. C'est ainsi qu'au printemps de 1878 on a fait sauter à la dynamite ce qui restait de l'antique pont *Sublicius* vis-à-vis de la Marmorata. Le pont Sisto lui-même a été élargi, mais dépouillé en cette occasion de son aspect monumental et de sa fontaine (*Fontanone*), transportée plus loin.

1. Le long du Tibre ; comparez le *lung'Arno*, à Florence.

CHAPITRE VI

La région de l'ancien Champ de Mars. — Origine et développements de la Rome moderne. — Dessin général de la cité. — Les palais de la place de Venise. — Le Campo di Fiore. — Les vieilles hôtelleries romaines. — Souvenirs du XVe siècle. — Le Dé Farnèse. — Sur la place Navone. — Légende satirique de Pasquin et de Marforio. — Marionnettes. — L'ex-vallon de la Chèvre et le Panthéon d'Agrippa. — Monte Citorio.

I

La vallée du Forum ne s'ouvre pas seulement au sud-ouest, entre le Capitole et le Palatin, sur l'une des deux dépressions par lesquelles s'épanchait le Vélabre ; elle s'ouvre encore au septentrion, entre le Capitole et le Quirinal, sur une vaste aire de terrain basse et plate, qui est à demi enveloppée par les deux courbes supérieures du Tibre, et que l'on appelait autrefois la région du Cirque Flaminius.

Une partie seulement de cet espace, celle qui avoisinait le Capitole, était couverte de constructions. L'autre, restée à l'état de plaine, constituait proprement le Champ de Mars, compris entre le Pincio et le fleuve, sur une étendue quadruple à peu près du Champ de Mars de Paris. Au Sud, près de la rivière, se trouvait le bois Sacré ou *lucus* qui servait de promenade au peuple.

Plus spécialement, on donnait le nom de *champ tibérin* ou de *Champ de Mars inférieur* à la portion de cet emplacement située entre le Tibre et la voie Triomphale, laquelle, partant du mont Vatican, aboutissait au pied du Capitolin.

Toute la région n'était originairement qu'une prairie où l'on élevait des chevaux et où la jeunesse venait s'exercer. Même quand Rome eut crevé son enceinte primitive, ce champ sacré, pendant bien longtemps, demeura ce qu'il avait été tout d'abord. Ce ne fut qu'au milieu du ve siècle après la fondation de la ville que l'on commença d'y élever quelques édifices; puis peu à peu la plaine se couvrit de constructions, telles que les *Septa Julia*, où se tenaient les assemblées par tribus, et se transforma en un quartier d'aspect tout monumental. Toutefois il n'y avait là que des bâtisses d'utilité publique ou de luxe; les particuliers n'y demeuraient pas. Mais quand, après les dévastations de Robert Guiscard, ceux des habitants qui avaient fui voulurent rentrer dans leurs foyers, ils trouvèrent leurs maisons ensevelies sous d'immenses décombres, si bien qu'ils durent se mettre en quête de quelque autre endroit pour s'y établir.

Ils se dirigèrent alors vers la plaine martiale, et, s'emparant des espaces vides, y élevèrent pêle-mêle des habitations. Ils s'installèrent d'abord près du Tibre, et c'est là, en effet, que se trouve le quartier le plus désordonné de la cité moderne. Les maisons y semblent plantées au hasard; les rues et ruelles y vont en zigzag, entrecoupées de *campi* tortueux ou informes. Plus tard seulement, quand la ville s'étendit au nord vers la place du Peuple, les artères en furent mieux alignées, les places dessinées avec plus de symétrie.

Telle fut l'origine de la Rome actuelle, qu'il nous reste à visiter en détail.

Prise d'ensemble, elle présente la figure d'un quadrilatère irrégulier dont les deux côtés les plus développés et les plus rectilignes sont au sud et au nord-est. Trois longues rues aux somptueux édifices y tracent leurs branches divergentes : au centre, la via del Corso, qui aboutit à la place de Venise, pour s'y raccorder à la nouvelle via Nazionale partie des Thermes de Dioclétien; à gauche et à droite, décrivant avec elle deux angles aigus, la rue del Babbuino, qui se dirige de biais vers la place d'Espagne, en se continuant par la *via de' due Macelli* (des deux Boucheries) jusqu'aux jardins du mont Quirinal; puis la rue Ripetta, qui gagne obliquement les bords du Tibre et aboutit près de la place Navone et du Panthéon. Enfin, une quatrième grande rue, la *via de' Condotti* (et Fontanella), allant de l'est à l'ouest, de la place d'Espagne au palais Borghèse, puis se prolongeant sous d'autres noms jusqu'au pont Saint-Ange, coupe le triangle nord de la ville juste dans l'axe de la première courbe dessinée par le fleuve.

II

La place de Venise, notre point de départ naturel sous le Capitole, c'est-à-dire au sommet sud du Corso, n'offre d'intéressant que ses palais. C'est d'abord l'ex-palais de Venise, vaste édifice à l'aspect féodal, aujourd'hui résidence de l'ambassadeur d'Autriche; c'est ensuite le palais Bonaparte, où mourut Letizia, construction florentine à créneaux, austère et lourde; puis, vis-à-vis de sa façade, le palais Doria Panfili, à la cour entourée de portiques, et enfin un quatrième édifice, propriété du moderne Crassus de Rome, c'est-à-dire ce palais Torlonia, dont l'angle nord-est a été entamé par la rue Nationale, au grand chagrin du prince richissime qui avait, ce me semble, établi de ce côté un petit théâtre.

Plus curieux et plus pittoresque est, à l'ouest de la place de Venise, le Campo di Fiore. C'est là que se dressait l'un des monuments insignes de l'ancien Champ de Mars, ce théâtre de Pompée près duquel était la *Curie*, où, aux ides de mars de l'an 44 avant Jésus-Christ, César fut frappé de cinquante-trois coups de poignard au pied de la statue de son rival. Brûlé, puis rebâti sous Tibère, il était encore intact au VIe siècle. Plus tard, au moyen âge, il servit, comme de juste, de château fort aux barons romains. Aujourd'hui à sa périphérie, — car il n'en reste que des débris, — se sont logées des échoppes d'artisans.

Du travertin de ses gradins a été bâti l'*albergo del Sole*, la plus ancienne hôtellerie de Rome. Bien qu'elle ait été restaurée, peu de voyageurs y descendent à présent. C'est une grande construction à arcades, sombre d'aspect comme une forteresse, avec une porte voûtée et ses cabinets en saillie. Sur cette même place des Fleurs, aujourd'hui le marché aux Légumes, et qui était devenue, dès le

LE PALAIS FARNÈSE.

xve siècle, le carrefour le plus vivant de Rome, se trouvaient d'ailleurs les auberges les plus fréquentées du temps : celle de la Cloche (*Hospitium Campana*), où, le 6 mai 1489, le duc Othon de Brunswick descendit « avec vingt-neuf coursiers » ; celles de la Vache-Rouge, de la Couronne d'Or, du *Rebecchino*.

Ces illustres auberges ont disparu ; mais leurs noms et leurs écussons se sont conservés. N'est-ce pas aussi à une *Campana* que Gœthe logea lors de son voyage à Rome, et l'enseigne du *Rebecchino* (espèce de viole) n'est-elle pas, aujourd'hui encore, une des plus fréquentées au delà des Monts ? Sans raconter ici la chronique des *osterie* de la Ville Éternelle depuis le vieux et rébarbatif caravansérail d'autrefois jusqu'aux somptueux hôtels modernes de Costanzi et du Quirinal, il convient cependant de remarquer que ce furent des Allemands et des Suisses qui créèrent à Rome les premières hôtelleries, et notamment les maisons du Borgo et des environs du pont Saint-Ange ouvertes à la clientèle des pèlerins. Telle était, par exemple, cette fameuse auberge de l'Ours (*dell' Orso*), où Dante, Machiavel et Montaigne descendirent tour à tour. Elle était située dans la rue du même nom, c'est-à-dire au point de jonction des deux anciens centres de la ville avec le quartier actuel des étrangers, qui est, on le sait, la place d'Espagne. Tel était aussi le Vase d'Or, près de Sainte-Lucie *della Tinta*, alors le quartier des teinturiers.

CONTADINE VENANT AU MARCHÉ.

Mais achevons la chronique du Campo di Fiore.

On raconte qu'un Anglais, qui errait depuis trois jours sur une île déserte sans avoir rencontré face humaine, aperçut tout à coup un pendu. « Dieu soit loué ! s'écria-t-il, je suis en pays civilisé ! » Le voyageur fraîchement débarqué sur la place des Fleurs aurait pu jadis pousser le même cri rien qu'en mettant la tête à la fenêtre. C'était en effet, sur ce carrefour au nom particulièrement suave qu'on avait coutume de brûler à petit feu hérétiques et relaps. Entre autres auto-da-fé humains, il s'y fit, à la fin de l'an 1600, celui du docteur Giordano Bruno. C'était là aussi que les malfaiteurs étaient attachés au pilori (en italien *berlina*), et fouettés à coups de nerf de bœuf, — *cavaletto*, dans le même idiome. Aussi deux des rues d'alentour ont-elles gardé, en réminiscence de toutes ces pratiques désormais perdues, les désignations euphémiques de *via della Corda* et de *via del Paradiso*.

III

Au nord-est du Campo di Fiore est une autre place où s'élève l'ex-palais Riario (*Cancellaria*). Il fut bâti, pour le neveu de Sixte IV, par le grand architecte Bramante avec des pierres prises au Colisée et à l'arc de Gordien. Quant aux quarante-quatre colonnes du portique, elles proviennent, croit-on, originairement du théâtre de Pompée. Disons tout de suite que, de l'ancienne aristocratie d'Église, il reste des deux côtés du Corso nombre de palais qui ne sont pas seulement remarquables au point de vue architectural, mais qui contiennent presque tous de magnifiques collections artistiques.

Nous en voyons un autre échantillon ici près : le palais Farnèse ou le *Dé* (*Dado di Farnese*), comme on le nomme à cause de sa forme. Il passe à bon droit pour un des chefs-d'œuvre de la grande époque. C'est un carré colossal, presque brut, une vraie citadelle aux fenêtres grillées, à la cour intérieure duquel (*cortile*), — une merveille contenue dans une autre, — mène un robuste vestibule soutenu par douze colonnes de granit rougeâtre. Trois hommes de génie, San-Gallo, Michel-Ange et Vignole, se sont relayés dans la construction de ce massif monument, pour lequel le théâtre de Marcellus et l'amphithéâtre Flavien se sont vu également ravir leurs plus beaux blocs de pierre tiburtine. Pour surcroît, le pinceau

PLACE NAVONE.

d'Annibal Carrache et celui de ses élèves y ont couvert toute une galerie de fresques splendides.

Chaque dimanche, sur cette place Farnèse, affluent les paysans de la banlieue venant faire leurs conditions de louage aux *mercanti di campagna*. C'est comme le marché de l'Évangile où le père de famille engage des tâcherons pour sa vigne. Ceux qui déjà sont nantis de travail s'y rendent également, comme sur la place Mon-

PALAIS RIARIO (CANCELLARIA).

tanara, avec leurs femmes, leurs enfants et leurs ânes, pour y régler leurs affaires personnelles, renouveler leurs approvisionnements ou faire ressemeler leurs chaussures. Les savetiers ne manquent pas aux alentours, voire les antiquaires du métier, et je sais telle échoppe de la place où l'on peut, au plus juste prix, se procurer toutes les variétés de souliers ou de cothurnes portés successivement par les hommes depuis l'époque tant soit peu fabuleuse du vénérable Anchise, père d'Énée.

Les barbiers n'y font pas plus défaut que les savetiers; seulement ceux-là n'ont pas même d'antres fixes. Leur boutique consiste en une chaise de canne ou de paille surmontée d'une tente, où le figaro, en manches de chemise, vous rase en plein air pour un *soldo*. Et il faut voir comme sa patte rugueuse vous manie et pelote le patient, le tournant et retournant deci delà, un doigt dans la bouche. En deux temps, la moisson de pilosités est parfaite, et le campagnol, rajeuni et content, n'a plus qu'à laver son museau sanglant à la fontaine qui susurre à côté.

Au nord-est de la place Farnèse, rue Capo di Ferro, voici maintenant le palais Spada, où se voit, entre autres curiosités, la statue colossale de Pompée qui fut découverte en 1552 dans le vicolo di Leutari, et que, sauf erreur, on croit être celle au pied de laquelle César expira.

Avant que le marché aux Légumes n'eut été transféré (1870) au Campo di Fiore, il se tenait sur une autre *piazza* où se trouve encore le marché du dimanche, et qui est une des plus originales de Rome. C'est la place Navone.

Qu'on se figure une enceinte allongée, close d'un côté par un demi-cercle, et de l'autre par une ligne droite. Elle doit cette forme caractéristique à ce qu'elle fut originairement un cirque, le champ de courses de l'empereur Domitien. Cette place était autrefois comme le forum de la Rome papale, et aujourd'hui même il s'y fait un mouvement inouï de peuple. Elle est très bien décorée du reste, avec son obélisque central, ses statues et ses trois fontaines jaillissantes, dont l'une porte le Triton gigantesque, œuvre du Bernin.

Il parait cependant que ce triple château d'eau aux marbres bizarrement excavés ne suffit pas encore au rafraîchissement de l'atmosphère ambiante, car, chaque année, durant les grandes chaleurs du mois d'août, la place elle-même, trois fois par semaine, est inondée et transformée en un lac : fantaisie praticable seulement dans une ville telle que Rome, où rien que deux des aqueducs régionaux versent des trésors liquides dont nulle autre capitale ne dispose.

IV

De la place Navone, passons tout de suite à la place Pasquino. Celle-ci doit son nom à une statue dressée au coin du palais Braschi, et dont l'histoire est sans doute connue du lecteur.

Jadis vivait dans ce quartier un tailleur appelé *Pasquin*, à l'esprit acéré, à la langue bien pendue, dont on recueillait et colportait partout les mots satiriques, si bien qu'il avait fini par devenir la gazette animée de la ville et l'endosseur de toutes les méchancetés anonymes. Les traits les plus virulents pouvaient circuler en franchise, pourvu qu'on eût la précaution de les mettre sur le compte du malin tailleur. Lui mort, on se trouva d'abord assez empêché; mais comme, à l'endroit où il avait demeuré, se trouvait une statue antique à moitié mutilée, on jugea commode et plaisant de donner à cette statue le nom du tailleur défunt, et, chaque soir, on affichait sur le socle les satires nouvellement écloses, qui, le lendemain, défrayaient sans péril la malignité publique.

Ce moniteur de pierre, très précieux dans un temps où il n'existait pas encore de journaux, devint ainsi, en toute circonstance, et surtout au moment des conclaves, lors des élections de pontifes, le porte-parole de l'opinion. Rien n'échappait au terrible Pasquin. Le pape Urbain VIII, de la maison des Barberini, s'étant avisé de faire fondre des bronzes antiques pour en fabriquer des canons, Pasquin dénonça en six mots *urbi et orbi* cet acte de vandalisme : *Quod non fecerunt barbari, fecerunt Barberini.* Sous Sixte-Quint, la licence de ce bavard fut si grande, qu'on lui fit l'honneur de lui apposer un factionnaire pour l'empêcher d'accueillir les placards nocturnes. Il fut même question de jeter à l'eau le pauvre marbre qui n'en pouvait mais. Il paraît que ce fut le Tasse, alors à Rome, qui le sauva, en disant spirituellement aux neveux du pape, les Aldobrandini, auprès desquels il était fort en faveur : « De grâce, seigneurs, laissez Pasquin où il est, car, si vous le jetiez au Tibre, de sa poussière il naîtrait des milliers de grenouilles qui nous étourdiraient nuit et jour de leurs coassements.

Je laisse à penser si la « bouche de Rome », comme on appelait Pasquin, donna de la langue sous les Borgia, à propos du trafic des dignités ecclésiastiques. « Alexandre, dit-il un jour, vend les clefs de saint Pierre, les autels, le Christ lui-même ; il en a bien le droit, puisque, tout cela, il l'a acheté. » Et sous Jules II : « Jules est à Rome. Que manque-t-il ? un Brutus. »

Bientôt ce soliloque parut monotone. On éprouva le besoin d'avoir un second Pasquin qui donnât la réplique au premier. Ce fut la mission d'une autre statue récemment découverte sur le Forum et qui reçut le nom de *Marforio* : c'était sans doute un buste de Marsyas. Elle fut dressée en face du torse de Pasquin, et dès lors commença une polémique à faire damner toutes les puissances divines et humaines.

Ce jeu satirique dura jusqu'à la fin du siècle dernier. Un troisième débris antique, le *Facchino*, ou, comme on l'appelait, le « portier du palais Piombino », se mêlait aussi au dialogue. Ce dernier était, de préférence, l'organe plébéien. Il y avait encore l'*abbé Luigi*, du palais Valle ; puis *madame Lucrèce*, une cinquième statue sise derrière le palais de Venise, sans compter le singe qui a laissé son nom à la *via del Babbuino*, la rue du Babouin. Le buste de Scanderbeg lui-même, l'ennemi juré des Turcs, jetait parfois sa note dans le concert. Les mots les meilleurs et les plus sanglants de ces jaseurs populaires sont les plus modernes. On sait les démêlés de Napoléon Ier avec Pie VI et Pie VII. Le premier résista au despote ; mais le second consentit à signer avec lui le Concordat. De là ce coup de boutoir de Pasquin : « *Pio, per conservar la fede, perde la sede; Pio, per conservar la sede, perde la fede.* — Pie, pour sauver la foi, perdit le trône ; Pie, pour conserver le trône, perdit la foi. » Une autre boutade, à double entente, est cette allusion à l'infaillibilité du pape, lors du sac de Rome par le connétable de Bourbon, quand Clément VII, retenu prisonnier au château Saint-Ange, ne pouvait plus mettre le pied dehors : *Papa non potest errare.*

La presse a aujourd'hui remplacé ce mode de polémique primitif ; Marforio a été transporté au Capitole ; mais Pasquin, son con-

ZAMPOGNARO.

tradicteur et compère, est toujours sur la petite place qui porte son nom, et, de plus, le type qu'il personnifiait s'est vu recueilli par la comédie italienne.

La comédie italienne! que ne puis-je exquisser ici son histoire, depuis cette fameuse *Mandragore* de Macchiavel qui faisait les délices du pape Léon X, jusqu'aux pièces de Gozzi le Vénitien ! Que ne puis-je retracer aussi l'épopée insigne du vieux Cassandre aux cheveux poudrés, ou les aventures burlesques d'*il signor Pulcinella* (monsieur Polichinelle) ! Mais le théâtre romain par excellence, aujourd'hui encore, ce sont les marionnettes. Les *pupazzi* à Rome se retrouvent partout, en salle close non moins qu'en plein vent. Et ces marionnettes d'outre-monts ne jouent pas seulement de petits scénarios inoffensifs pour la joie des enfants et la tranquillité des familles; elles représentent de gros mélodrames, de gigantesques féeries, mieux encore, des pièces satiriques aux allusions les plus audacieuses. De plus, nul tour de force chorégraphique ne les déconcerte.

Ces fantoches aux aptitudes universelles vous exécutent des ballets comme à l'Opéra; pas horizontal, pas de côté, danse verticale ou en tourbillon, tout, jusqu'aux entrechats les plus insensés, sont du ressort de ces Vestris aux pieds endiablés. Il n'est pas jusqu'au moindre joueur de chalumeau ou de cornemuse, *zampognaro*, qui n'ait avec lui ses *burrattini*[1] entrant en branle au mouvement du pied. Maintes fois aussi, le *pifferaro* en guenilles, à la jambe ceinte de bandelettes, se montre par les carrefours, escorté de quelque compagnon déluré qui fait manœuvrer sa « Marie de bois », pour le plus grand plaisir des truands et des beaux messieurs.

1. Le héros le plus ancien des marionnettes italiennes fut un Romain appelé Burattino. Ce merveilleux masque de la *Commedia dell' arte* s'était acquis une telle vogue, qu'on avait fini par transporter son personnage sur le théâtre des *pupazzi*, qui prirent dès lors de lui le nom de *burattini*.

V

Nous voici insensiblement parvenus à peu près au centre de l'ancien Champ de Mars, c'est-à-dire à l'endroit où se trouvait ce fameux « vallon de la Chèvre », dans lequel, selon la légende, disparut mystérieusement Romulus. C'était un lieu agreste et sauvage

PANTHÉON D'AGRIPPA.

où un marais dormait sous les joncs. Sous Auguste même, du *palus* primitif, il restait encore une flaque d'eau, et nous savons qu'un canal ou *euripe* gagnait de là le logis d'Agrippa. Ce fut cependant sur cet emplacement que, l'an 26 avant notre ère, le gendre d'Auguste érigea aux douze grands dieux le monument le plus remarquable et aussi le mieux conservé que nous ait transmis l'ancienne Rome, le Panthéon.

Le cadre assez misérable où se trouve aujourd'hui le noble édifice, entre le Corso et la place Navone, ne lui ôte rien de sa splendeur et de sa majesté. Seize gros piliers monolithes en décorent le portique. La puissance des pilastres, sa porte de bronze, l'audace imposante de sa coupole projetée à 44 mètres du sol et d'où ruis-

COLONNE ANTONINE.

selle, par une ouverture unique, une gerbe éblouissante de lumière, tout indique bien la force tranquille et sereine d'un peuple conquérant qui se sent enfin sûr de ses conquêtes et qui, parvenu à ce comble de grandeur, ne craint pas de décréter la « paix universelle », en fermant le temple de Janus resté ouvert depuis deux cents ans.

Ajoutons que dans cette énorme rotonde[1] repose, comme dans le seul tombeau digne de lui, le corps du plus grand artiste des temps modernes, celui du divin Raphaël.

Si, de la place della Rotonda, nous poussons un peu plus au nord-est, nous arrivons à un petit monticule qu'on appelait primitivement « la colline », et près duquel se trouvaient, à la marge même de la voie Flaminienne, les longs portiques des *Septa Julia*, où se réunissaient les Comices. Cette éminence, faite de main d'homme, était une sorte de tribune tumultuaire où les candidats aux élections venaient se montrer au peuple pour se faire connaître : de là la désignation de *mons Citatorum* qu'elle porta ensuite, et son nom actuel de *monte Citorio*. Au milieu de la place, décorée présentement d'un obélisque, fut bâti, au XVIIe siècle, sous Innocent X et Innocent XII, le palais de la curia Innocenziana. Naguère encore le directeur de la police y siégeait. Depuis 1870 une des Chambres du Parlement italien, celle des députés, en a pris possession.

C'est tout proche de là que s'ouvre sur le Corso la place carrée qui passe pour avoir fait partie du Forum d'Antonin. Le palais Chigi, œuvre de la Porta et de Maderno, forme un des côtés de cette aire, au centre de laquelle se dresse la colonne érigée au cinquième des Antonins, Marc-Aurèle.

1. En l'an 607, le Panthéon avait été transformé en église sous l'invocation de Santa-Maria *ad martyres;* mais on l'appela vulgairement *la Rotonde;* de là le nom donné à la place où il est situé.

CHAPITRE VII

Aux abords du Quirinal ; le palais Monte Cavallo. — Le mont Viminal et les Thermes de Dioclétien. — Sur l'ex-place Barberini. — La fontaine de Trévi. — Le quartier du Pincio et la place d'Espagne. — Près de la place du Peuple ; scènes populaires. — Le port de Ripetta. — Visite au palais Borghèse. — La via Giulia et ses alentours. — — Les *Buzzuri*. — Rome capitale.

I

Redescendons à la place de Venise, pour prendre de là notre itinéraire, non plus à l'ouest, mais à l'est du Corso. Tout d'abord, sous le Quirinal, c'est-à-dire place des Saints-Apôtres, nous rencontrons le palais Colonna, du pape Martin V, lequel contient, entre autres peintures, l'*Enlèvement des Sabines* de Ghirlandajo. Quatre ponts jetés sur la via delle Cannelle (rue des Petits-Tuyaux) le mettent en communication avec les jardins plantés de citronniers, d'orangers, de cyprès et de chênes, qui, depuis Urbain VIII, étagent leurs massifs, trop correctement alignés et taillés, sur les flancs de la hauteur précitée. Le palais est également relié à la villa du même nom par plusieurs ponts d'une seule arche lancés au dessus d'une rue profonde, la via della Pilotta, continuation de la rue San Vincenzo, qu'ombragent les arbres haut perchés du parc.

Le Quirinal, que nous abordons ici, s'appela d'abord *mons Agonalis*. Aujourd'hui, la place située au-devant des jardins porte le nom de Monte Cavallo, à cause des deux chevaux de marbre, séparés par un obélisque de granit rouge et un grand bassin, qui la décorent depuis Sixte-Quint. C'est l'endroit de la Ville Éternelle qui a subi dans ces derniers temps le plus de changements au point de vue politique. Ce fameux palais papal, où Pie VII fut arrêté en 1809 par les ordres de Napoléon, d'où Pie IX se sauva sous un

RUE DELLA PILOTTA.

déguisement le 24 novembre 1849, et où plus tard le dernier roi de Naples, détrôné, avait établi sa résidence, est bien resté résidence souveraine; mais ce ne sont plus les *gardes-nobles* qui veillent au pied de ses escaliers; depuis le 9 décembre 1870, les soldats des princes de Savoie les ont relevés de leur longue faction; le gouvernement pontifical et toute la cour des *monsignori* ont passé le Tibre pour se retirer derrière le château Saint-Ange, au fond de ce quartier du Borgo où bientôt nous les irons retrouver.

Une autre résidence non moins remarquable fait suite au palais Colonna sur le revers du mont Quirinal : c'est le palais Rospigliosi, construit, comme le palais Aldobrandini son voisin, sur l'emplacement des Thermes de Constantin, lesquels mesuraient plus de

FONTAINE DE LA PLACE MONTE-CAVALLO.

800 mètres de circuit. De son primitif possesseur, le cardinal Scipion Borghèse, il passa aux mains d'un autre prélat qui aimait fort, lui aussi, les riches demeures et les beaux millions ; je veux parler de Jules Mazarin. Ce palais possède un chef-d'œuvre de peinture pour lequel seul il mériterait qu'on lui fît visite : c'est une *Aurore* de Guido Reni. Il renferme aussi, du Dominiquin, un *Adam et Ève après la faute*, ainsi que le *Triomphe de David*, et, en fait de sculptures anciennes, des bustes de Caton le Censeur et de Sénèque.

En suivant la via di Venti-Settenbre, qui fait suite à celle du Quirinal, nous nous retrouvons à notre point d'arrivée dans Rome, c'est-à-dire sur le mont Viminal, près de ces Thermes de Dioclétien que déjà nous avons salués au passage.

C'étaient les plus grands de Rome, et comme le dernier mot du genre, car ils contenaient trois mille cabinets de bain avec deux mille quatre cents sièges de marbre, presque le double des Thermes de Caracalla. Il y avait là une galerie de tableaux, une bibliothèque, la fameuse *Ulpienne*, qu'on y avait transférée du Forum de Trajan, une salle de concert et de conversation (exèdre), celle-ci formant une abside ronde qu'a coupée en deux la via Nazionale. De même que les Juifs avaient travaillé à la construction du Colisée, les Chrétiens travaillèrent à celle des Thermes de Dioclétien au nombre de quarante mille, et parmi eux le diacre Sisinnius, le futur martyr.

D'une seule des salles (*caldarium*) de ce gigantesque édifice Michel-Ange a tiré une des plus grandes églises de Rome, Sainte-Marie-des-Anges, derrière laquelle il a dessiné ce beau cloître des Chartreux avec son portique de cent piliers et ses hauts cyprès plantés par lui-même à l'âge de plus de quatre-vingts ans. Une autre chambre circulaire, le *laconicum*, a été transformée par Vanvitelli en un magnifique vestibule d'entrée. C'est ainsi, nous l'avons déjà vu, que presque partout à Rome le christianisme s'est plaqué sur le paganisme.

II

Au pied de ce mont Viminal (primitivement colline des Osiers, *vimina*) qui, au contraire du Quirinal, était, du temps des Romains, habité surtout par la classe pauvre, et où l'on a récemment tracé tout un quartier neuf avec de grandes voies et de grandes maisons, court la rue des Quatre-Fontaines, par laquelle nous pouvons gagner le Pincio. Chemin faisant, nous trouvons l'ex-place Barberini, aujourd'hui place des Bersagliers, carrefour de jonction des diverses chaussées qui sillonnent cette zone nord-est de la ville.

Aussi est-ce une importante station de fiacres et l'un des endroits que l'étranger visite tout d'abord.

De forme irrégulière, elle n'a rien de grandiose dans l'aspect. A voir ses cafés mesquins, ses petits restaurants-gargotes, et la

PLACE BARBERINI.

croix rustique qui s'y dresse en face de ce cloître des capucins où les capucins n'ont plus rien à faire, on se croirait dans une ville de province. Elle ne s'anime guère que le matin, à l'heure où les troupeaux de chèvres et les tombereaux chargés d'*acqua acetosa*

1. Voyez ci-après, chapitre IX.

la traversent en s'y arrêtant. Sa fontaine, œuvre du Bernin, est formée de quatre dauphins qui soutiennent une conque où siège un *Triton* lançant de l'eau par une trompe de coquillage. A l'angle oriental de la place est le palais bâti au XVIIe siècle pour le cardinal François Barberini, neveu d'Urbain VIII. A sa suite viennent de spacieux jardins au fond desquels se trouve encore une belle fontaine avec une statue colossale d'Apollon placée à l'ombre d'un pin. C'est là

FONTAINE DU TRITON.

un point de vue maintes fois reproduit par le pinceau des artistes, et surtout pittoresque à contempler de la ruelle en bordure que l'on nomme vicolo Sterrato.

Si, de la place Barberini, nous poussons une pointe au sud par la via del Tritone, véritable *frezzeria* comble de victuailles, nous arriverons à la place Trévi, décorée, elle aussi, d'une fontaine dont on entend de bien loin le bruissement. Les bas-reliefs de cet imposant château d'eau, d'où l'on voit s'avancer un Neptune, représentent la découverte de l'*aqua virgo* par une jeune fille à l'époque d'Auguste. Pour amener cette source tusculane à Rome,

VICOLO STERRATO.

Agrippa fit faire un aqueduc souterrain qui, retrouvé au XVe siècle, sous Nicolas V, alimente encore de ses trois branches, outre la fontaine de Trévi, celles du Peuple, de la Barcaccia, de la place Navone, du Campo di Fiore et du Panthéon. La fontaine primitive est encore visible, non loin de là, au bas d'un escalier, dans un sous-sol, rue Nazzareno.

Enfin, par les rues San Felice et Sistina, qui continuent celle

ACADÉMIE DE FRANCE : VUE EXTÉRIEURE DU PORTIQUE.

des Quatre-Fontaines, nous atteignons le monte Pincio, ainsi appelé d'une famille *Pincia* qui y avait son palais au temps de Bélisaire. Cette éminence, qui bornait, je l'ai dit, la partie nord-est de l'ancien Champs de Mars en lui servant de perspective, devait son nom primitif de Colline des Jardins, *Collis Hortulorum*, à la villa de Lucullus qui s'étendait sur ses pentes et dont on a retrouvé des vestiges à la droite de Sainte-Trinité des Monts.

Nous sommes ici dans une vraie région de plaisance et sur une terre à moitié française. L'église de la Trinité des Monts, qui projette sur la place d'Espagne sa majestueuse cascade de cent marches, a été bâtie en 1494 par le roi de France Charles VIII. La villa Médicis, qui dresse non loin de là ses sveltes pavillons au-dessus de la verdure du coteau, est le siège de la célèbre Académie de France (École de Rome). Tout ce quartier, contre lequel serpente

PERRON DE LA TRINITÉ ET VILLA MÉDICIS.

l'enceinte d'Aurélien, est le rendez-vous préféré des étrangers et l'une des promenades les plus fréquentées de la ville, principalement le soir, non seulement pour ses attraits propres, mais encore pour la vue magnifique dont on y jouit sur Saint-Pierre et le Borgo, sis à l'opposite. Aussi, de là jusqu'à la place Borghèse, à mi-chemin à peu près de l'enfilade de rues qui va vers le pont Saint-Ange, tous les magasins sont-ils combles de ce qu'on appelle des « souvenirs de Rome », *ricordi di Roma*, mosaïques, camées romains, florentins, byzantins, pierres gravées, monogrammes du Christ, et menues curiosités de tout genre.

Sur le plateau même du Pincio, là où étaient ces Jardins de Salluste dont les Goths d'Alaric ont fait une ruine, se trouve

SUR LE PINCIO.

encore une fastueuse création des princes de l'église : c'est la villa Ludovisi, dont l'immense parc s'étend le long des remparts entre la porte Pincienne et la rue de la Porta Salara.

Des promenades de la colline on redescend par une série de rampes et de terrasses à la piazza del Popolo (place du Peuple ou du Peuplier), magnifique aire en forme d'ellipse, qui, avant l'établissement du chemin de fer, était l'entrée des touristes arrivant par l'ancienne voie Flaminienne. Elle est ornée d'un obélisque, de fontaines, de statues, de colonnes, formant un ensemble décoratif d'un effet d'autant plus heureux que là s'amorcent, on l'a déjà dit, les trois grandes artères divergentes qui traversent la cité moderne.

Au sommet nord de la place s'élève l'église Santa-Maria del Popolo, dont les arcades en file décrivent une ligne de courbes harmonieuse et grave à la fois. Sa nef austère est comme une sorte de *campo santo* où vingt cardinaux ont leurs mausolées. La tradition veut qu'on l'ait bâtie pour purger cet endroit des sorcières et démons qui y avaient jadis élu domicile, dans la nuit du vendredi au samedi, autour du noyer maudit croissant sur le tombeau de Néron.

Tout à côté de Sainte-Marie du Peuple, non loin de l'ancienne porte Flaminia, aujourd'hui murée, est la porte septentrionale de Rome, la porta del Popolo, récemment élargie par l'adjonction de deux arcades latérales. Sur ce point de la ville en effet, l'animation, bien que moindre qu'il y a vingt-cinq ans, est toujours fort grande, non pas seulement à cause de la proximité du parc Borghèse, cette superbe promenade extra-muros dont je reparlerai en son lieu, mais encore parce qu'on est ici à l'entrée de la route du Ponte Molle, que sillonne une ligne active de tramways. Du matin au soir, la place est comble de rouliers, de pâtres, de muletiers, de vignerons, de porteurs de légumes, qui en peuplent les nombreuses *osterie*, et auxquels s'adjoint, comme de juste, une gent non moins tumultueuse de joueurs d'orgues, de baladins et de marchands d'orviétan.

III

Pour nous retrouver tout au bord du Tibre et avoir achevé notre tour de la ville, ou du moins de la partie de la ville sise sur la rive gauche, il ne nous reste plus qu'à nous engager par la via di Ripetta qui, filant à l'ouest du Corso, nous conduit au port supérieur de Rome en passant devant le Mausolée d'Auguste.

PLACE DU PEUPLE.

Ce porto di Ripetta, qui date du pape Clément XI (1707), et où se trouve un limnimètre pour mesurer la hauteur des eaux, a succédé aux vieux *Navalia.* De larges degrés en facilitent l'accès aux gens qui débarquent dans cette rue commerçante toutes sortes de denrées, bois de chauffage, vins, huiles, blés, venant de la Sabine et de l'Ombrie. L'antique bac, qui naguère encore y était le seul mode de communication d'un rivage à l'autre du fleuve, a enfin disparu pour faire place à un pont nouveau, le *ponte Nuovo,* qui mène aux *Prati di Castello,* dont la verdure forme l'avant-plan du monte Mario. Plus loin en arrière était situé le champ historique que Quintus Cincinnatus cultivait de ses mains. Cette berge extrême de la rivière, jadis tout à fait déserte, et où l'on ne voyait que sentiers agrestes, haies d'épines, de sureaux, d'églantiers, commence, elle aussi, à se bâtir. Malgré tout, ce faubourg de Rome n'a point encore perdu, tant s'en faut, sa poésie mélancolique et sauvage. On y aperçoit toujours au loin des jardinets, des bastides, des guinguettes et des fermes, entre lesquels errent des troupeaux d'oies et de moutons. Deux masses diversement imposantes et sombres, le dôme de Saint-Pierre et le donjon Saint-Ange, limitent à souhait ce coin de solitude.

Là pourtant est une des merveilles architecturales de la ville moderne, — reposoir charmant offert au touriste : c'est le palais Borghèse, sur la place du même nom. Sa cour est environnée de deux étages d'arcades portées, au rez-de-chaussée, par quatre-vingt-seize colonnes doriques accouplées deux à deux, et, en haut, par des piliers corinthiens splendidement décorés. Dans son musée, réparti en douze salles, figure, entre autres chefs-d'œuvre, un *Saint-Dominique* du Titien qui est tout ce qu'il y a de plus saisissant : un moine rude, à la moustache noire et au teint bilieux, qui représente bien l'ascète farouche du vieux temps. Dans les vestibules se dressent d'innombrables statues de marbre, trois colosses surtout, *Julie, Sabine* et *Cérès.* A l'entrée du corridor de droite se trouve un fragment d'*amazone* tombée que traîne son cheval. Et il faut voir avec quel art les perspectives sont ménagées ! D'une fenêtre de la huitième chambre, si je ne me trompe, l'œil plonge sur un *vicolo* morne et sombre ; d'une autre, au contraire, on aperçoit une fontaine jaillissant gaiement dans une petite cour fleurie, et, par delà, la rive du Tibre, le port de la Ripetta, et les prés Quintiens susnommés.

Quelles sommes prodigieuses en bénéfices ecclésiastiques représentent des demeures telles que celle-là! Les souverains pontifes étaient « bons parents », comme dit M. Taine, et ne donnaient pas lieu de les maudire à leurs neveux ou petits-neveux. Au XVIIe siècle, les Borghèse, rien qu'avec les munificences papales, avaient acheté près de cent domaines dans la seule campagne de Rome. A la même époque, sous Urbain VIII, les Barberini étaient gratifiés de cinq cents millions. *Bonitatem et scientiam docemus*, « nous instruisons en humanisant, » telle est l'inscription rassérénante qui se lit au fronton du noble édifice où nous venons de jeter un coup d'œil : mais à quel prix revenaient au public ces leçons de civilisation et de science que l'art était censé lui donner!

IV

Reprenons notre promenade en amont, et obliquons par la rue Sainte-Lucie. Voici à droite le théâtre Apollo, l'Opéra de Rome, puis le pont Saint-Ange, auquel nous reviendrons, et, plus loin, le nouveau pont suspendu qui, près de Saint-Jean des Florentins, conduit droit au Trastevere. Quelles assises minables et disloquées présentent ici les berges du Tibre! Des deux rues qui le longent à cet endroit, l'une, la via Giulia, dirigée vers le pont Sisto, était cependant au XVIe siècle une artère essentiellement fashionable, habitée par la haute aristocratie financière.

Redeviendra-t-elle ce qu'elle a été? C'est plus que douteux. On projette, il est vrai, de grands changements dans ce quartier et jusque vers la porte du Peuple, à l'ouest de laquelle doit s'ouvrir une avenue qui franchira le fleuve; mais, en attendant, cette région de la Ville Éternelle continue de garder sa vieille effigie. C'est toujours le même labyrinthe de rues étroites, mal pavées, sordides, de places irrégulières, étranglées, dont le sombre réseau s'enchevêtre à l'ouest du Corso et tout autour de la place Navone. Là demeurent les milliers de fonctionnaires de toute sorte venus à la suite du gouvernement piémontais, c'est-à-dire ceux que les papalins traitent dédaigneusement de *buzzuri* (savoyards, marchands de marrons). Ceux-là ne sont pas enthousiastes de Rome ; ils y gardent des visions du nord. Florence, Turin, Milan, voilà pour eux les vraies capitales.

Il est certain que la cité du Tibre, bien que promue à la tête du pays, n'est pas ce qu'on appelle une ville gaie. On y vit comme

LE PONT SAINT-ANGE.

chez nous en province, patriarcalement. Le Corso s'anime bien à de certaines heures; l'après-midi, de deux à cinq, des équipages y vont et viennent entre les places du Peuple et de Venise, se rendant aux terrasses élégantes du Pincio ou sur la route aimée de Ponte Molle; mais dès huit heures les rues se vident; les cafés même, bien que ne fermant plus le dimanche à trois heures ni en carême pendant les sermons, sont loin d'être animés et bruyants comme dans les cités italiennes du nord. A onze heures, tout le monde est couché, sauf aux abords du Parlement et de la place

Colonna, où un certain nombre de débits restent ouverts. A minuit, c'est fini ; toutes les lumières sont éteintes et tous les verrous tirés. Rome est une ville *quieta*, ont coutume de dire les Italiens ; c'est une *citta sporca è brutta*, une sale ville, une vilaine ville, disent de leur côté les petits employés qui trouvent qu'on ne s'y amuse pas à souhait ; ce qui n'empêche pas que pour le touriste elle ne soit par excellence la « ville d'or », *aurea Roma*, comme l'appelait Rutilius.

CHAPITRE VIII

Le pont et le château Saint-Ange. — La basilique de Saint-Pierre. — Histoire du Borgo. — Le palais du Vatican et les jardins pontificaux. — Le pape Jules II. — Michel-Ange et les fresques de la Chapelle Sixtine. — Raphaël Sanzio. — Les Loges et les Chambres. — Parallèle entre les deux grands artistes de la Renaissance. — Promenade à travers le musée des Antiques. — Le Laocoon.

I

Passons, je vous prie, le pont Saint-Ange, pour visiter les quartiers de la rive droite que nous n'avons encore aperçus que de loin.

Ce pont, ancien pont *Ælius*, a cent mètres de longueur; c'est le plus beau de Rome. Il fut construit par Hadrien, vis-à-vis du massif mausolée en rotonde que cet empereur avait élevé près du Tibre pour lui et ses successeurs, parce que, nous dit Dion Cassius, il n'y avait plus de place dans le tombeau d'Auguste. Il était originairement couvert d'une toiture en cuivre avec quarante-deux colonnes et autant de statues. Jusqu'au XVe siècle, il porta des boutiques comme le ponte Vecchio de Florence; puis, en 1490, un jour de jubilé à Saint-Pierre, il s'y pressa une telle foule de peuple, que les parapets cédèrent, et que près de deux cents personnes furent noyées. Ce fut le Bernin qui le restaura, au XVIIe siècle, tel que nous le voyons.

Quant au Mausolée ou Môle d'Hadrien, c'est aujourd'hui la forteresse (*castello*) qui, du bronze de l'archange Saint-Michel dont

Benoît XIV le fit surmonter, a gardé le nom de Château Saint-Ange. Là étaient autrefois les archives secrètes et le trésor des papes. Par une large montée en spirale, encore existante, on pouvait arriver à cheval jusqu'à la première plate-forme du donjon.

Cavaliers et piétons ne se firent pas faute d'y grimper en effet. Dès le VIe siècle, la fameuse nécropole des Césars se vit transformée en un château fort. En attendant l'invention des canons, les Grecs de

STATUES DE SAINTS PIERRE ET PAUL, AU PONT SAINT-ANGE.

Bélisaire, assiégés par les Goths de Vitigès, usèrent des statues comme de projectiles. Ils cueillirent tout autour d'eux les groupes de sculpture et les lancèrent sur les assaillants. Le célèbre *Faune dansant* de Florence, aussi bien que celui qui est à Munich, l'échappèrent belle en cette occurrence. Plus tard, le mausolée païen devint une sorte de tour de Nesle où l'on étrangla en cachette des cardinaux et des papes. Rien ne manqua à l'analogie, pas même les oubliettes et les issues souterraines.

Au sortir du pont Saint-Ange, nous débouchons sur l'ex-piazza Pia, actuellement place du Plébiscite. De ce point partent plusieurs longues rues qui se dirigent vers le Vatican et Saint-Pierre, et qui, du quartier qu'elles traversent, portent le nom collectif de *borghi*. Il y en a sept, et même huit, si l'on compte le passage que les papes ont fait pratiquer dans les murs de la cité Léonine afin de pouvoir, en cas de besoin, se sauver directement de leur demeure dans la citadelle. La plus septentrionale de ces artères s'appelle le borgo

LE CHATEAU SAINT-ANGE.

Angelico; au centre sont le borgo Nuovo et le borgo Vecchio, qui se réunissent au delà de cette place di Scossa Cavalli où s'arrêtèrent, dit-on, les chevaux chargés de traîner jusqu'à Saint-Pierre l'autel du temple de Jérusalem apporté par l'impératrice Hélène.

Plus près du Tibre est le borgo di San Spirito, ainsi appelé de l'hôpital du même nom, vaste édifice triangulaire dont l'hypoténuse est décrite par le fleuve. C'est sur cette berge, assure la légende, que, l'an premier du XIIIe siècle, un pêcheur, en jetant un matin son filet, ramena deux cadavres de nouveau-nés. Sur quoi, un autre pêcheur, — un pêcheur d'hommes, celui-là, — c'est-à-dire le pape Innocent II, étant venu à passer, fonda le refuge d'enfants-trouvés qui fut le noyau de l'hospice actuel.

Avançons-nous par la rue du borgo Nuovo jusqu'au carrefour Rusticucci. La voilà devant nous cette fameuse basilique, avec la vaste place qui la précède et l'annonce. Au milieu de celle-ci se dresse l'obélisque monumental que Caligula fit apporter autrefois d'Héliopolis, et sur les flancs duquel deux fontaines lancent leurs gerbes liquides. Dans son cadre immense, le monolithe égyptien a l'air d'un pygmée. La place elle-même semble vide, tant son aire se développe outre mesure, et la fastueuse colonnade du Bernin, en dépit de ses quatre rangs de piliers robustes et de ses colossales statues, fait l'effet d'un simple portique d'attente.

Montez l'escalier du temple, et pénétrez sous le vestibule percé de cinq portes.

Le premier regard que vous jetez dans la gigantesque nef ne laisse pas de vous déconcerter. Tout y est si grand, que cette grandeur même vous échappe. Il vous faut tout d'abord trouver une échelle de mesure; cette échelle, vous l'avez en regardant une des chapelles : chacune a les dimensions d'une cathédrale... Alors seulement, en ramenant vos yeux sur l'ensemble de l'édifice, vous en saisissez l'immensité.

Saint-Pierre est, on peut le dire, le triomphe de l'énorme. Tout y est hors de proportion. Le développement audacieux de la façade, le relief formidable du dôme, véritable montagne de pierre projetée à cent trente-huit mètres en l'air[1], les douze apôtres, de cinq mètres et demi de haut, qui se dressent comme des titans au fronton, l'inscription de la frise : *Tu es Petrus*, tracée en lettres de deux mètres

1. Presque aussi haut que la Grande Pyramide d'Égypte.

Sainte-Sophie de Constantinople a comme longueur....	110	mètres.
Le dôme de Milan a..............................	135	—
Celui de Florence a..............................	145	—
Saint-Paul de Londres a..........................	158	—
Saint-Pierre de Rome a...........................	185	—

L'OBÉLISQUE DE CALIGULA.

et demi, la *loggia* même d'où le pape donne la bénédiction à la foule, enfin la lanterne terminale, qui n'a pas moins de dix-sept mètres, et qui est elle-même surmontée d'une boule de deux mètres et demi et d'une croix de cinq mètres : tout est d'une taille surhumaine, tout écrase, épouvante presque le spectateur.

La même énormité se retrouve dans l'accumulation disparate de richesses qui décore à l'intérieur le vaisseau, dans cette surcharge insensée de dorures, de sculptures, de médaillons, de jolis anges, de marbres fins, de mosaïques, et aussi dans la profusion de draperies.

Rien que pour atteindre jusqu'à la plate-forme comprise entre le sommet de la façade et le tambour du dôme, il y a cent quarante-deux marches à gravir. J'ai dit qu'une rampe permettait aux bêtes de somme d'y monter. De l'entablement, qui mesure cent vingt-trois mètres de tour, le pavé de la basilique vous fait l'effet d'être au fond d'un abîme, dans une sorte de vallée à fond plat. Les reliefs les plus puissants ne vous apparaissent plus qu'avec des proportions minuscules. Les fidèles ont l'air de fourmis. Que serait-ce si, continuant votre ascension, vous poussiez jusqu'à l'échelle de fer de la croix? Toute la campagne, des monts Albains à la mer Tyrrhénienne, se découvrirait à vos yeux éblouis, et quant aux collines de Rome, elles ne seraient plus que d'humbles taupinières semblant rentrer sous terre à vos pieds.

II

Sur cette colline du Vatican où se dresse aujourd'hui la reine des basiliques et où la tradition veut que saint Pierre ait été inhumé, s'étendaient autrefois les jardins et le cirque de Néron. Là eut lieu la première persécution contre les chrétiens. C'était, sous le paganisme, un endroit désert et mal famé, un lieu de « vaticination ». L'église primitive y fut bâtie par Constantin au IVe siècle; on en peut voir encore la façade sur la fresque dite de Raphaël qui représente l'incendie du Borgo.

Par ce mot *borgo*, parfois aussi *solborgo*, il faut entendre, non pas un bourg, mais un espace non entouré de murs, une sorte de quartier suburbain. Beaucoup de villes italiennes possèdent des *borghi*. Tel est à Turin le borgo Nuovo, et à Florence le borgo Pitti. Le Borgo romain fut donc la région qui s'étendait du pont Saint-Ange à Saint-Pierre en dehors des remparts d'Aurélien. Ce ne fut qu'au milieu du XIe siècle que Léon IV l'entoura d'un mur pour le protéger contre les incursions des Sarrasins; de là le nom, qu'il porte aussi, de Cité Léonine.

De bonne heure, les pèlerins étrangers fondèrent là des établissements fixes avec des écoles. Quatre de ces colonies sont mentionnées dès le IVe siècle : celle des Frisons, celle des Longobards ou Lombards, celle des Francs et celle des Saxons, cette dernière encore revivant dans l'église San Spirito *in Sassia*. Ce fut même la colonie saxonne, composée de maisons à toits de bardeaux, suivant la mode septentrionale, qui brûla en 847 et communiqua le feu au quartier des Lombards, menaçant, grâce à la force du vent, d'atteindre la basilique d'alors.

Il y avait onze cents ans que cette première basilique existait, lorsque commença, avec le successeur d'Eugène IV, la série de ces papes aux visées artistiques et mondaines qui allaient substituer au vieux et sévère christianisme du moyen âge un néo-christianisme pompeux et quasi païen, destiné à achever par l'éblouissement des sens la conquête des âmes. Nicolas V le premier eut l'idée de matérialiser la domination catholique dans un vaste temple qui devait, dans son rêve, éclipser celui de Salomon. C'était l'époque où les matériaux du Colisée servaient à faire de la chaux, où le mont Capitolin n'était plus qu'un vignoble, le Forum un jardin potager, et où, du peuple innombrable de sculptures qui avaient orné l'antique Rome, il ne restait plus qu'une demi-douzaine de statues.

Nicolas V n'eut pas le temps de réaliser son ambitieux dessein; mais, cinquante ans plus tard, Jules II, le pontife terrible, reprend l'idée de son devancier, et fait jeter par Donato Lazzari, dit Bramante, alors âgé de soixante ans, les fondements d'une nouvelle basilique, que continuèrent, en modifiant le plan primitif, toute une pléiade de grands architectes, Fra Giacondo, Raphaël, Balthazar Peruzzi, San Gallo, Michel-Ange et Carlo Maderno. L'œuvre, entamée en 1506, ne fut achevée qu'en 1629, au bout de cent vingt-trois ans, sous Innocent X (cardinal Panfili).

Quant au Vatican, ce « Capitole de la Rome moderne », c'est moins un palais qu'une juxtaposition d'édifices à trois étages, de deux cent

PASSAGE SOUS LE PORTIQUE DE SAINT-PIERRE.

cinquante mètres de long, formant un ensemble irrégulier, sans symétrie, sans façade extérieure, et posé en fausse équerre sur le flanc de la gigantesque église. J'ignore si, comme on le prétend, il contient douze mille chambres, y compris les cryptes ou souterrains; ce qu'il y a de certain, c'est qu'on y compte vingt cours et deux cent huit cages d'escalier. Son origine doit dater de loin, car Charlemagne y a logé quand il était l'hôte de Léon III. Néanmoins, au XIIe siècle encore, les papes habitaient de préférence le palais de Latran[1]. Ce ne fut qu'à leur retour d'Avignon, en 1375, qu'ils établirent leur résidence au Vatican, qui peu à peu se transforma en l'incomparable musée que nous connaissons.

Derrière l'immense palais, au pied de la courbe décrite ici par l'enceinte d'Urbain VIII, s'étendent les jardins de la « divine cité », au nombre de deux, celui de la *Pina*, ainsi nommé d'une énorme pomme de pin de bronze placée à l'entrée d'une vaste niche, et le jardin pontifical proprement dit, *giardino pontificio*, qui étale au pied de la colline ses festons de verdure anacréontiques et où se trouve le fameux *casino* de Pie IV.

III

Deux grands papes, Jules II et Léon X, deux grands artistes, Raphaël et Michel-Ange représentent l'œuvre de la Renaissance dans le Vatican, ce sanctuaire sans pareil qui est en même temps le plus riche trésor de sculptures antiques qu'il y ait au monde. Nous ne pouvons, hélas ! que traverser rapidement tous ces musées profanes ou sacrés : la Chapelle Sixtine, les Loges, les Chambres, les galeries Chiaramonti, Pio Clementino, etc.

D'abord la Chapelle Sixtine : Sixte IV l'avait fait bâtir, Jules II la fit décorer. Ici apparaît d'abord l'épique figure de Buonarroti.

A l'appel de Jules II, Michel-Ange se rend de nouveau à Rome, où il avait déjà fait un séjour de cinq ans (1496-1501), occupé, entre autres travaux, de sculpter sa *Pietà* qui est à Saint-Pierre, son groupe de *Bacchus et Adonis* et son *David* qui sont à Florence. Jules II, qui l'aimait, parce qu'il retrouvait en lui son propre tempérament, le chargea de faire son mausolée, moyennant deux cent mille écus. Ce fut pour cette œuvre gigantesque, que devaient décorer quarante statues, que Michel-Ange s'en alla passer une

1. Voyez ci-dessus, page 80.

année à Carrare, afin d'y surveiller l'extraction des marbres[1]. Mais une brouille survint, au cours des travaux, entre l'artiste et son auguste patron.

Michel-Ange, de retour à Rome, attendait un convoi de marbres. Ceux-ci arrivent à Ripa Grande, où on les décharge, et comme les mariniers réclamaient leur salaire, Buonarroti court au Vatican. On

LE PAPE JULES II.

lui répond qu'on ne peut l'introduire. Sans mot dire, il acquitte les frais de sa propre bourse; puis derechef il se présente au palais : on lui refuse encore l'entrée. Cette fois, offensé, il fait prévenir le pape que, s'il a besoin de lui, il ne l'envoie point chercher, parce qu'il est parti. Et à l'instant même, il vend à des juifs tout ce qu'il possède, et prend à cheval la route de Florence.

Cinq courriers expédiés par Jules II, une lettre même de Sa Sain-

1. Voyez notre *Italie pittoresque*, in-8 (Bibliothèque des écoles et des familles), page 84.

té qui ne contenait que ces mots si affectueux dans leur rudesse : « Reviens, ou je te chasse, » n'ébranlent pas sa résolution. En vain, Pierre Soderini, gonfalonier de Florence qui craint que cette incartade de l'artiste ne lui attire quelque querelle avec le bouillant pontife, multiplie ses représentations et ses instances : Buonarroti se borne à répondre qu'il quittera, s'il le faut, la Toscane, mais non pour retourner à Rome. Il parlait alors de s'en aller à Constantinople bâtir un pont entre l'Europe et l'Asie. Enfin, au bout de deux ans, la réconciliation se fit dans la ville de Bologne, que le saint-père venait de soumettre les armes à la main.

Qui pâtit du dissentiment? Ce fut le mausolée papal. Jules II mourut sans qu'il eût été exécuté, et diverses entreprises empêchèrent ensuite Buonarroti de s'y remettre. Il n'en acheva que trois pièces : le *Moïse*, qui était destiné à l'entablement du tombeau, et qu'on voit sur l'Esquilin dans l'église San Pietro in Vincoli, et les deux *Captifs*, qui sont à Paris au musée du Louvre.

Revenu à Rome en 1508, l'année même où Raphaël y était appelé par le même Jules II, Michel-Ange reçoit la mission de décorer à fresque la voûte de la Chapelle Sixtine. C'était pour lui une invitation formelle à devenir du jour au lendemain un peintre de premier ordre. Jusqu'alors, en effet, Michel-Ange s'était adonné presque exclusivement à la sculpture, et, bien qu'il fût élève du peintre de fresques Ghirlandajo, à peine connaissait-il le procédé dont on lui imposait l'emploi.

Il commença par appeler à son aide des praticiens de Florence; puis, mécontent du résultat, il renvoya ses auxiliaires, détruisit leurs essais, et s'enferma seul dans la Chapelle, sans y vouloir admettre personne. Là, face à face avec la terrible nudité du plafond, il ébaucha, effaça, travailla, la tête renversée, le cœur à demi hors de la poitrine...

Ce labeur dura quatre années. On raconte que Jules II, à qui les préoccupations de la Ligue de Cambrai n'ôtaient point le souci de l'art, arrivait souvent à l'improviste dans la Chapelle, montait quelques degrés de l'échelle, et debout, immobile, contemplait silencieusement ces créations étranges, pleines d'une fougue toute-puissante et désordonnée, telles qu'aucune école n'en avait encore offert le modèle. Quelle âme était plus capable que celle de l'héroïque pontife de sentir la touche vigoureuse et enflammée de ce pinceau original ? L'impatience dévorait Jules II ; il avait peur de mourir avant le jour où cette œuvre colossale serait découverte aux regards

GARDE SUISSE DU PAPE.

de tous. « Quand finiras-tu? dit-il un jour à l'artiste, du pied de l'échelle. — Quand je pourrai, répondit froidement Buonarroti. — Tu veux donc que je te jette en bas de ton échafaud? »

Enfin, le 1er novembre 1512, la Sixtine fut ouverte à la cour du Vatican. Seule pourtant la première partie de la décoration était terminée. La *Création de l'homme*, les *Sibylles*, *Jonas*, les *Prophètes*, emplissaient de leurs magnificences trois séries de compartiments. Trente ans plus tard seulement, à l'âge de soixante-six ans, Michel-Ange reprend et achève son ouvrage par les sublimes créations du *Jugement dernier*. Entre temps il travaille aux tombeaux des Médicis. Entre temps aussi ont lieu et le sac de Rome par le connétable de Bourbon, et la chute de Florence, et la mort de Raphaël, et celle de Léon X. La grande âme éternellement effarouchée de Buonarroti se retire de plus en plus du monde, et c'est alors que, replié sur lui-même, dans une sombre ardeur de travail, l'artiste applique au mur de la Sixtine cette fresque terrible, qui marque le point culminant de son génie, et que les scrupules outrés d'un pape ont un moment failli faire effacer.

IV

En face de Michel-Ange, l'inexorable enlumineur de l'Ancien Testament, se place Raphaël, l'interprète plus doux de la Nouvelle Alliance, le vrai peintre des Évangiles.

Raphaël Santi ou, par euphonie, Sanzio, naquit le 6 avril 1483, c'est-à-dire huit ans après Michel-Ange, dans la petite ville d'Urbino, haut perchée entre l'Apennin et l'Adriatique. Son père, Giovanni Santi, à la fois peintre et poète, le laissa de bonne heure orphelin, à la garde d'un oncle maternel qui l'envoya, dès l'âge de treize ans, à l'atelier du Pérugin, le chef renommé de l'école ombrienne.

En ce délicat printemps de sa vie, le jeune disciple, *il graciosissimo*, comme l'appelaient ses camarades, ne fait d'abord qu'imiter candidement les œuvres du maître. Choisi bientôt pour second par le Pérugin, il exécute sa première œuvre considérable, mais non encore toute personnelle d'inspiration, dans l'église de Citta di Castello[1]. Elle représentait, d'un côté la Sainte-Trinité, de l'autre la Création de l'homme. C'est aussi à Citta qu'il peint le Mariage de

1. Voyez ci-dessus, page 6.

la Vierge, ce fameux *Sposalizzio*, qui est au musée Brera de Milan. Revenu à Urbino, il fait un pas en avant avec son *Saint-Georges* et son *Saint-Michel*, que possède le Louvre. Puis il va à Florence, à Bologne, à Sienne, étudier tous les grands maîtres de l'école toscane. De cette nouvelle période de sa carrière datent la *Madone du Grand-Duc*, la *Vierge au voile*, la *Vierge au baldaquin*. Enfin en 1508 il se rend à Rome, où Bramante, son parent et ami, le présente à Jules II.

Ici nous pénétrons à sa suite dans ces merveilleuses salles de la « divine cité du Vatican », les Loges et les Chambres.

Les Loges (*Loggie*), dont Sanzio a été tout à la fois l'architecte, le décorateur et le peintre, se composent de trois rangs superposés de galeries à vitrage qui de loin offrent un peu l'aspect d'une immense serre. C'est au plafond du second étage que se trouvent les cinquante-deux peintures où Raphaël et Jules Romain, son disciple le plus habile, ont retracé, comme Michel-Ange venait de le faire à la Sixtine, mais dans un style tout autre, les principales scènes de l'Ancien et du Nouveau-Testament. Ces peintures ont été, malheureusement, fort endommagées par la soldatesque de Charles-Quint, et plus tard par des restaurations maladroites ou intempérantes.

Plus importantes sont les Chambres ou *Stanze*, anciens appartements de Jules II, contigus aux Loges, et dont le côté ouest donne sur la cour du Belvédère. Elles sont au nombre de quatre. La première, celle de *Constantin*, représente en la bataille contre Maxence la lutte dernière des deux cultes, personnifiés l'un dans cet usurpateur, fils de Maximien, l'autre dans Constantin. Ce n'est pas sur celle-là qu'il faut insister. Raphaël n'a fait qu'en diriger la décoration, achevée seulement après sa mort.

Dans la Chambre suivante, dite d'*Héliodore*, la fresque qui figure ce général syrien, chassé par deux anges et par un cavalier céleste du temple de Jérusalem qu'il voulait saccager, est un hymne à la gloire militaire de Jules II. Le grand prêtre Onias, qu'on aperçoit dans le sanctuaire où le peuple est en prière devant le tabernacle, c'est ce pontife en personne, l'exterminateur des « Barbares », c'est-à-dire des Français. De même, dans une fresque postérieure de la même salle, *Attila arrêté aux portes de Rome*, saint Léon n'est autre que le pape Léon X, qui venait, avec l'aide des Suisses, de renvoyer Louis XII au delà des monts.

Cette œuvre de Raphaël se complète par la Chambre des *Écoles d'Athènes*, appelée aussi Chambre de la *Segnatura*, parce que jadis on y minutait les actes judiciaires. Sur ses murs voici d'abord la *Dispute du Saint-Sacrement*, ce grand drame théologique qu'un critique a appelé « un magnifique dialogue entre le ciel et la terre ». En face, le long d'un portique, apparaît une composition d'un genre tout différent : l'antiquité revivant par ses grands maîtres, Platon, Aristote, Archimède, Anaxagore, Socrate, Épicure, etc.

C'est la fameuse fresque que l'on nomme les *Écoles d'Athènes*. Aux compartiments du plafond se montrent les quatre figures allégoriques, et tant de fois reproduites : la *Théologie*, la *Philosophie*, la *Littérature*, la *Jurisprudence*.

Je me borne à mentionner la quatrième Chambre, celle qui contient l'*Incendie du Borgo*. Raphaël, ici, n'a fait que le dessin; la peinture est de ses disciples, Jules Romain en tête comme toujours.

C'est au troisième étage, dans une des salles de la Pinacothèque, instituée en 1816 par Pie VII, que se trouvent, et le chef-d'œuvre de Sanzio, la *Transfiguration*, qui était destinée à la cathédrale de Narbonne, et la *Vierge au donataire*, appelée aussi *Madone de Foligno*, puis, face à face avec la *Transfiguration*, une autre création merveilleuse, mais celle-là du Dominiquin, la *Communion de saint Jérôme*.

« Raphaël, dit un critique d'art, fut très heureux, noblement heureux, et ce genre de bonheur si rare perce dans toutes ses œuvres. Il n'a point connu les tourments ordinaires des artistes, leurs longues attentes, les souffrances de l'orgueil blessé. Il n'a point subi la pauvreté, ni l'humiliation, ni l'indifférence... Il était extrêmement aimable et fut extrêmement aimé. Il n'a eu à lutter ni contre les hommes ni contre son propre cœur. Les images qui l'occupaient semblaient exprès choisies pour entretenir la sérénité dans son âme. Il avait passé sa première jeunesse parmi les madones du Pérugin, pieuses et paisibles jeunes filles, d'une quiétude virginale, d'une douceur enfantine, mais saines, et que la fièvre mystique du moyen âge n'avait point touchées. Il avait ensuite contemplé les nobles corps antiques, et compris la fière nudité, le bonheur simple de ce monde détruit, dont on venait de déterrer des fragments. Entre les deux modèles il avait trouvé sa forme idéale, et il errait dans un monde tout florissant de force, de joie et de jeunesse, sorte de jardin dont les plantes avaient la vigueur et la sève païennes, mais où des fleurs demi-chrétiennes s'ouvraient avec un sourire plus tendre et plus doux. »

Quel contraste entre cette nature pleine de paisibles épanouissements et le génie tempêtueux de Michel-Ange, ce Savonarole de la peinture, cet artiste de combat, dont les enfantements furent marqués de plus en plus par les déchirements et l'angoisse, et qui avait pour devise ce mot d'un de ses sonnets : « Il faut sans cesse étreindre ! »

Malgré le coup de poing qui lui avait écrasé le nez, Buonarroti, à le prendre sur un de ses bustes de l'âge mûr, avait dans le visage une grandeur sévère et un peu inquiète. Plus jeune, sa physionomie avait eu, dit-on, une vivacité séduisante. Quant à Raphaël, un de ses portraits peints par lui-même nous le montre à l'âge de vingt-deux ans : figure imberbe, un peu féminine, ovale long et délicat; regard pur qui reflète bien l'inaltérable harmonie de ce cœur et de cet esprit ; cheveux bruns séparés au milieu du front et ruisselant en ondes abondantes sur les épaules; pour coiffure un béret noir incliné en arrière; pour vêtement une ample robe blanche et une pelisse fourrée de brocart d'or.

Nous savons que Michel-Ange vécut solitaire, tout à ses conceptions d'artiste et à ses rêves de patriote, au point de passer auprès de beaucoup de gens pour un orgueilleux ou un fou. Nul plaisir, nulle sollicitation d'une cour voluptueuse entre toutes, ne purent détourner de lui-même, ni de l'étude, ni de sa fière pauvreté, cet homme frappé à l'antique marque, qui dormait à peine, qui faisait des repas de Spartiate, et n'avait d'épanchements que pour son vieux serviteur Urbino, le veillant lui-même jour et nuit s'il était malade. Sa seule passion, et encore sur le tard, ce fut un attachement platonique et austère pour une femme d'une nature aussi noble que la sienne, la marquise de Pescara, sorte de Béatrice de cet autre Dante, et dont la mort laissa dans l'âme du sublime artiste une blessure incurable.

Pour Raphaël, on connaît la légende de la *Fornarina*, dont le portrait est au palais Barberini. Quelle était cette Fornarina, qui, de son vrai nom, s'appelait Marguerite? Une excellente jeune fille, dit Vasari, à laquelle Sanzio fut dévoué jusqu'au dernier jour. Cette liaison n'a pas manqué d'être enjolivée après coup, et c'est dans une auréole de poésie que nous apparaît aujourd'hui l'amie du peintre d'Urbin. On montre encore dans le Trastevere, rue Sainte-Dorothée, l'endroit où il la connut. Il l'avait aperçue par-dessus le mur, « pendant qu'elle plongeait ses jolis pieds dans une petite fontaine du jardin de son père ».

L'œuvre de Raphaël à Rome comprend encore les fameuses fresques de la Farnésine, également dans le Trastevere. Là se déroule, au plafond cintré d'une grande salle à revêtements de marbre, ce beau mythe antique de *Psyché,* qu'Apulée et notre La Fontaine ont narré avec tant de charme et de verve. Dans une salle voisine est le Triomphe de la Beauté, en la personne de cette nymphe *Galatée* dont le jaloux Polyphème écrasa l'amant sous une roche.

V

Avant de quitter définitivement cet immense labyrinthe du Vatican dans tous les replis duquel je n'ai pas le temps de guider le lecteur, il faut que je dise quelques mots des salles où sont les *Antiques.* Ici l'ornementation du cadre est surtout remarquable de noblesse et de sobriété. Trois superbes galeries, la galerie *Lapidaire,* le musée *Chiaramonti* et le musée *Pio Clementino,* se partagent la merveilleuse collection.

Passons vite à travers le *Braccio Nuovo* et le *Corridor Chiaramonti :* les chefs-d'œuvre sont dans le troisième musée.

Voici d'abord, dans le vestibule carré du Belvédère, le fameux *Torse* en marbre blanc dont Michel-Ange se disait « l'élève », et qui fut, je le rappelle, découvert dans les Thermes de Caracalla. C'est l'œuvre du sculpteur grec Apollonius. Voici en outre le *Tombeau de Scipion Barbatus,* déjà mentionné. Dans la chambre qui suit est la *Statue de Méléagre,* le corps le plus parfait qu'on puisse voir.

Enfin, dans une cour à portiques et à cabinets, se trouve le groupe classique du *Laocoon*, exhumé sous Jules II. C'était en 1506 ; des ouvriers qui travaillaient à une vigne au-dessus des Thermes de

L'APOLLON DU BELVÉDÈRE.

Titus heurtèrent de la pioche un bloc de marbre enfoncé dans une niche et enveloppé d'un épais cocon de terre. On se mit à le dégager, et quand les formes furent débarrassées de leur carapace, on reconnut une tête d'homme dont le regard, levé vers le ciel, avait une expression de souffrance indicible. A côté de lui étaient deux enfants sans mouvement et sans voix, et autour de ces trois corps nus s'enroulaient deux serpents qui mordaient furieusement les chairs baignées de bave.

JARDIN DU VATICAN.

Immédiatement on alla chercher Sadolet, qui reconnut le *Laocoon* tel que Pline le décrit, et avec les détails poignants du drame qu'expriment les vers de Virgile, au second livre de l'*Enéide*. Michel-Ange survint à son tour. Plus de doute : c'était, comme il le dit lui-même, le « miracle de l'art » ; la sculpture avait même vaincu la poésie [1].

Non loin de là, dans le quatrième cabinet, est l'*Apollon* dit *du Belvédère*, retrouvé vers la même époque dans les fouilles d'Antium. Puis vient la *Salle des Animaux*, sorte de ménagerie où se mêlent de la façon la plus singulière la faune réelle et la faune fantastique de l'antiquité. Allons toujours : la série des salles n'est pas épuisée. Combien rapide est la fuite des heures en ces contemplations sans pareilles ! Dans cette tension infatigable de la prunelle et de la pensée, on oublie presque qu'il existe un monde en dehors de ce monde de sculptures immobile et muet. L'œil va du Minotaure à l'Athlète, de l'admirable Ménandre assis à l'Ariane au bracelet, de la Vénus de Cnide ou de Praxitèle au Discobole de la villa Hadrienne, du Bacchus indien qui porte en grec sur son manteau le nom de Sardanapale l'Assyrien aux mosaïques qui figurent des asperges et des volatiles de basse-cour. De la galerie *à croix grecque*, dont la porte est en granit rouge d'Égypte, on passe à celle du Char ou de la *Bigue (biga)* ; de celle-ci à celle des *Candélabres*, du *Musée égyptien* au *Musée étrusque*, et de là on revient à la galerie *Lapidaire*, puis dans la splendide *Libreria* ou Bibliothèque, où est entassé, à l'abri d'armoires enluminées de splendides coloriages, un trésor inouï de manuscrits auquel tous les peuples d'Europe et d'Asie ont fourni leur apport.

On a tout vu alors, ou du moins tout effleuré du regard ; il ne reste plus qu'à redescendre humer une prise d'air dans ces jardins parfumés de la « Cité », dont je vous ai ci-dessus donné une vision.

1. Pline dit que ce morceau de sculpture, supérieur à toute autre œuvre artistique, *opus omnibus et picturæ et statuariæ artis præponendum*, était dû à la collaboration des trois Rhodiens, Agesander, Polydore et Athénodore.

CHAPITRE IX

Du Borgo à la porte Settimiane. — Sant' Onofrio. — La Farnésine et le palais Corsini. — Le long des remparts. — La fontaine Pauline. — Les jardins de la villa Panfili. — De Santa Maria au ponte Rotto. — Le mont Janicule au temps de Strabon. — Autrefois et aujourd'hui. — Une question d'origine. — Transtévérins et *Montigiani*.

I

La cité Vaticane n'a pas moins de six portes ; deux au nord, la porta Angelica, menant au Monte Mario, et la porta Castello, ouverte sur le cirque d'Hadrien ; les autres au sud, la porta Pertusa ou Murée, la porta Fabrica, vers la via delle Fornaci, la porta Cavalleggeri, qui débouche sur la route de Civita Vecchia, et enfin la porta di San Spirito, près de l'hôpital du même nom.

Franchissez cette dernière, magnifique œuvre de San Gallo, et vous vous trouvez dans une rue longue de mille mètres, la Lungara, qui file parallèlement au Tibre jusqu'à la porta Settimiana, où commence le quartier appelé Trastevere. La rampe herbue qui infléchit à droite sur le Janicule mène à l'église et au cloître de Saint-Onuphre (Sant' Onofrio), où mourut le Tasse. C'est un vieil édifice à arcades et à clochetons, d'un aspect tout à fait champêtre, avec des jardins plantés d'orangers et de cyprès, d'où l'on a une vue admirable sur Rome et sur sa campagne. Le chêne au pied duquel se reposait le poète a été renversé par un ouragan ; mais il a poussé un rejeton, qu'on montre volontiers au touriste.

LA PORTA SETTIMIANA.

Plus loin à gauche, tout au bord du fleuve, est la Farnésine (ex-villa Chigi) ci-dessus mentionnée, qui vit décéder la reine Christine de Suède. Vis-à-vis de cette résidence, sur l'autre côté de la rue, voici le palais Corsini, dont les jardins se prolongent sur les pentes

SANT' ONOFRIO.

du Janicule jusqu'à la porte Saint-Pancrace (anciennement *Janiculensis*), là où l'enceinte d'Urbain VIII rejoint celle d'Aurélien.

II

Au lieu de prendre l'itinéraire que je viens d'indiquer, voulez-vous que nous sortions du Borgo par la porte Cavalleggeri, ainsi nommée du voisinage d'une caserne de cavalerie, et qui est celle par où se ruèrent en 1527 les hordes que le connétable de Bourbon conduisait au pillage de Rome ? Nous trouverons là un chemin rustique et montant par lequel nous pouvons gagner le sommet du Janicule en dehors des remparts. De ce chemin, le regard plonge sur un creux où essaiment des maisonnettes entourées de jardins. A mi-côte, en se retournant, on jouit d'une perspective magnifique sur Saint-Pierre et sur ses annexes. Ensuite, par les derrières de la villa Lante, on arrive à la porte Saint-Pancrace, et tout à coup, la

LE JANICULE PRÈS DE LA VILLA LANTE.

muraille franchie, le Trastevere, perdu de vue d'abord, reparaît devant vous.

Un bruit de cascade frappe votre oreille : vous êtes en effet tout près de la Fontaine Pauline (Acqua Paola), le château d'eau le plus abondant de Rome, placé au sommet du mont Janicule, presque à l'endroit où était autrefois la forteresse que deux longs murs joignaient au Tibre vers les ponts Palatin et Sublicius. Elle est décorée de six colonnes de granit rouge provenant du forum de Nerva. Ses ondes lui arrivent du lac Bracciano distant de quinze kilomètres en amont, et elles alimentent tout le Borgo et le Trastevere, dont elles font mouvoir les moulins, les usines, notamment la manufacture de tabac.

Le massif de verdure d'où vous voyez d'ici même sortir l'aqueduc appartient à la villa Panfili, bâtie à quelque distance des murs sur l'emplacement des jardins de Galba. C'est un des promenoirs favoris

LA FONTAINE PAULINE.

des Romains ; aussi, à de certaines heures, les voitures se suivent-elles à la file dans les rues qui aboutissent à la susdite porte. Vallons encaissés, ruines pensives, fraîches prairies, solitudes silencieuses ou futaies pleines de roucoulements, tout est réuni dans ce dédale ombreux et silvestre qui, s'élevant et s'abaissant tour à tour, vous montre par échappées de vue tantôt la masse énorme de Saint-Pierre, tantôt la cime crénelée du Soracte ou bien les neiges rosées de l'Apennin.

III

En redescendant de là vers le Tibre, vous passez d'abord devant San Pietro in Montorio, ainsi appelé du nom moderne du Janicule,

VILLA PANFILI DORIA.

le *Monte d'Oro*, le mont au sable couleur d'or. Des terrasses de cette église, érigée à l'endroit où l'on pense que saint Pierre reçut le martyre, on aperçoit, au premier plan, Rome et ses collines, au nord l'Apennin central, à l'est, sous les monts Albains, les plaines rutules et volsques de l'antique Latium, puis toute la campagne sillonnée d'aqueducs et de voies, avec les plis et replis du Tibre.

SAN PIETRO IN MONTORIO.

Continuons de marcher dans la direction du fleuve. Au pied même de la colline, se présente à nous une des plus belles basiliques de Rome, Sainte-Marie au Trastevere, sise à l'entrée de la via della Lungaretta, laquelle se détache à angle obtus de la Lungara prolongée, pour aboutir en ligne droite au ponte Rotto sous le nom de

Lungarina. Sainte-Marie fut construite, dit-on, dès les premières années du troisième siècle sur l'emplacement d'un asile de soldats invalides (*taberna meritoria*) ; dans ce cas, elle aurait été la première église ouverte dans Rome au culte public.

Nous avons maintenant à notre droite ce mont Janicule, que nous venons de parcourir d'ouest en est, et qui est la plus haute des collines riveraines (64 mètres). Ce fut longtemps l'éminence stratégique par excellence. Dans les premiers temps de son existence, Rome, entourée d'ennemis, redoutait toujours quelque surprise de ce côté. Or les assemblées par centuries se tenaient, on le sait, hors des murs, et tous les citoyens armés étaient obligés de s'y rendre. De là un danger contre lequel on s'était prémuni, en décidant que tout le monde ne voterait point à la fois dans les comices, et qu'un noyau d'hommes veillerait, à tour de rôle, sur la colline menacée. Tant que durait la réunion, un *præsidium* était donc établi au Janicule ; puis, quand l'assemblée se séparait, on enlevait l'étendard militaire planté au front de la hauteur, et le poste se retirait. Dès que la colline n'était pas gardée, nulle délibération ne pouvait avoir lieu.

IV

Strabon nous vante l'aspect pittoresque de cette éminence transtibérine, qui était, en effet, couverte de jardins superbes (*horti*). Or par ce mot *horti* on entendait anciennement à Rome, non pas des enclos ou vergers tels que ceux qu'on désigne aujourd'hui sous le nom de *vignes*, mais de vastes espaces renfermant souvent de somptueux édifices, des temples, des champs de courses même et de grands bassins. Ces sortes de parcs occupaient d'ordinaire des plateaux ou des penchants de collines. C'est ainsi que, dans la région du Janicule, se trouvaient le long du Tibre, outre les jardins de Néron, de Géta et de Domitien, des *horti publici* destinés spécialement aux plaisirs du peuple, si bien qu'au temps d'Auguste, lorsque, du pont Sublicius par exemple, on regardait de l'autre côté de la rivière, on embrassait de l'œil un massif de verdure quatre fois grand comme celui des Tuileries et formant un véritable bois.

Établis par Pompée et César, ces jardins publics avaient été pourvus par Auguste d'une *naumachie* et de portiques d'abri qui avaient achevé de faire de cette rive du fleuve un endroit plein d'attraits.

Ce quartier transtibérin, le Trastevere actuel, constituait la qua-

JARDINS DE LA VILLA PANFILI DORIA.

trième région de la ville, et là se trouvait le septième poste-caserne des cohortes de pompiers, *vigiles*[1], créées par le même Auguste. On en a exhumé des vestiges sur la petite place de Monte di Fiore, non loin de l'église Sainte-Marie précitée. Ajoutons que c'est à l'extrémité sud de ce quartier, près de la porte Portese (jadis *portuensis*) aux âcres senteurs de poisson, que se trouve le second port de Rome, celui de Ripa Grande. Un peu en deçà est l'église Sainte-Cécile, presque aussi ancienne que Santa-Maria, et qui conserve des mosaïques datant de mille ans. Contre le port même s'élève le vaste hôpital Saint-Michel, bâti à l'endroit où, suivant la légende, fut établi le camp de Porsenna.

1. Aujourd'hui encore les pompiers portent le nom de *vigili*.

V

Quoique cette région transtévérine fût ornée jadis d'une couronne de villas, elle gardait cependant le caractère faubourien. C'était le siège des artisans ainsi que des Juifs, comme l'atteste encore le nom

SAINTE-CÉCILE.

de l'église *San Salvatore in Curti* (*curti*, circoncis). Ce ne fut que plus tard, sous Paul IV, que ces derniers furent transférés au Ghetto. Dans cette partie excentrique de la ville logeaient aussi les soldats

PLACE SAINTE-MARIE.

de marine de la flotte de Ravenne, et c'est pourquoi, au moyen âge, le Trastevere était encore appelé la cité ravennaise, *civitas Ravennatum*. Par la suite, beaucoup de familles nobles vinrent s'y établir. Les Romani, les Normanni, les Stefaneschi y eurent leurs

TRANSTÉVERINE.

castels, comme les Frangipani avaient le leur dans l'île Tibérine.

Aujourd'hui, le Trastevere est redevenu un quartier exclusivement plébéien. Il est habité par une classe de *minenti*, vivant sans cesse au grand air, exerçant de pénibles métiers, mais formant une race vigoureuse et belle, qui passe pour être toujours très dévouée au saint-siège. Il y a une trentaine d'années, les deux sexes s'habillaient encore d'une façon pittoresque et originale : les hommes portaient la veste de velours, ordinairement jetée à l'épaule, la chemise blanche, la ceinture de couleur, la demi-culotte et le soulier à boucles ; les femmes la *carmagnola*, corsage de velours ou d'indienne de couleur, bouffant par le haut, agrémenté de dentelles et de manchettes, avec la longue jupe et le tablier brodé ; dans les cheveux le grand peigne d'argent aiguisé en forme de poignard, une arme au besoin. Ce genre d'accoutrement est à cette heure à peu près perdu. Les hommes ont allongé leurs culottes ; les femmes ont mis leurs robes à la mode ; il n'y a que la carmagnole que, par coquetterie, elles ont conservée.

Ces *Transtéverins*, qui se marient seulement entre eux ou dans les autres faubourgs de Rome, prétendent descendre des anciens Romains et avoir du sang d'Énée dans les veines ; mais ce privilège leur est disputé par ceux qu'on appelle les *Montigiani*, à savoir les habitants des collines primitives, lesquels affectent de traiter dédaigneusement leurs frères d'outre-fleuve de simples *Regolanti*[1]. Naguère encore, — je crois que le cas est rare aujourd'hui, — des combats à coups de pierre s'engageaient fréquemment entre les parties sur cette obscure question d'origine ; et c'était d'ordinaire le forum, où, par parenthèse, les pierres ne manquent pas, et où jadis Sabins et Latins s'étaient bourrés de si belle façon, qui était le théâtre de ces luttes épiques. Plus d'un ou plus d'une même, car les femmes étaient les plus belliqueuses, sortait de la bagarre avec force meurtrissures : heureusement que, tout près de là, était l'hôpital de la Consolation, où les blessés pouvaient se faire panser.

1. C'est-à-dire d'habitants du quartier misérable de la *Regola*.

DEUXIÈME PARTIE

LA CAMPAGNE

CHAPITRE X

La chaîne de l'Apennin central et le territoire de l'antique Latium. — Ce que c'est que la *Campagna*, et comment elle se subdivise. — Des voies romaines et de leur mode de construction. — Le système des postes et des messageries sous les Césars. — Sites, cultures et mœurs de l'Agro romano. — Sur la route du ponte Molle. — Le lac de Bracciano et la région volcanique des Véiens. — Retour par les voies Salarienne et Nomentane. — Sainte-Agnès hors les murs et les Catacombes de Rome.

I

Lorsqu'on regarde, par un ciel clair, des terrasses de Saint-Pierre *in Montorio*, par exemple, les horizons de la Ville Éternelle, l'œil se heurte, du côté de l'est, à un énorme massif de montagnes, qui n'est autre que l'Apennin central. Cet Oberland, long de deux cents kilomètres sur cinquante de large en moyenne, ne présente, vu à cette distance, qu'un ensemble confus de cimes étagées que séparent de hautes dépressions et d'où se détachent à droite et à gauche un certain nombre de contreforts. Il se partage cependant en deux chaînes principales qui divergent au sud du mont Vettore, pour se rejoindre non loin du Fucin au plateau *di cinque Millia*.

L'une, la plus orientale et la plus haute, constitue proprement le relief Sabellien, appelé aussi, depuis le moyen âge, montagnes des *Abruzzes*. Elle se dresse au cœur de la péninsule comme une forteresse gigantesque et abrupte dont le Grand Sasso ou monte Corno (2921 mètres), qu'on aperçoit même de l'Istrie et de la Dalmatie, forme le bastion dominant. L'autre dessine plus à l'ouest une ligne arquée que jalonnent du nord au midi le Terminillo et le Velino (2219, 2487 mètres). Entre les deux coule l'Aterno (ancien *Aternus*), fleuve affluent de l'Adriatique, au delà duquel s'élève la sommité terminale de la Majella, masse de 90 kilomètres de tour et haute de 2700 mètres qui plonge sur les fraîches vallées où sont les ex-villes pélignes de Sulmone et de Corfinium.

En dehors et à l'ouest de cette sorte d'ossature maîtresse s'étend une muraille volcanique qui court sur cinquante kilomètres de longueur, de Narni au Liris, interrompue seulement près de Tibur par la coupure de l'Anio ou Teverone. La section septentrionale de ce rempart qui se développe entre le Salto et le Tibre est ce qu'on nomme les monts des Sabins ou de la Sabine; celle qui se trouve plus au sud forme les monts des Herniques : désignations empruntées aux peuples qui habitaient jadis ces régions. Nulle part le relief sabin n'offre de grandes altitudes. Sa cime culminante, le Gennaro (ex-*Lucretilis*), que l'on discerne si nettement de Rome, atteint à peine à 1300 mètres; seulement elle paraît, à distance, beaucoup plus élevée, à cause de sa brusque chute sur la plaine tibérine. Un seul sommet isolé, le Soracte, se dresse en avant de la chaîne, sur la rive opposée du cours d'eau romain. Les montagnes des Herniques, qui s'étendent entre le Sacco et le Liris, présentent des hauteurs plus considérables; aux sources du second de ces fleuves, c'est-à-dire à l'endroit où elles se raccordent à la chaîne centrale, elles s'élancent même jusqu'à plus de 2000 mètres.

Enfin, plus à l'ouest encore, à la droite du Sacco, se dessine un quatrième relief longitudinal, celui des monts Albains et Volsques (monts Lepini), longs de 100 kilomètres à peu près, et d'une élévation variant de 1000 mètres à 1500 mètres au mont Pétrella. Comme

LE GRAND SASSO D'ITALIA.

les monts Sabins, ils tombent à pic vers la mer Tyrrhénienne, en poussant sur la partie du littoral infléchie du côté de Gaëte un contrefort qui clôt au sud la grande plaine de l'Italie centrale. Là se trouvait jadis, à la passe côtière demeurée célèbre par les guerres des Romains contre les Samnites, la frontière méridionale du Latium. Ce promontoire de Circé, isolé tout comme le Soracte, ressemble de loin à une île; il a dû en effet former primitivement un relief insulaire qui, à l'exemple du mont Argentaro de Toscane (cap de Télamon), n'a été rattaché à la terre ferme qu'après coup.

II

Ces jalons géographiques établis, qu'est-ce que la *Campagne romaine?*

Ici encore il faut distinguer : il y a la *grande* et la *petite* Campagne. La petite, c'est cette banlieue déserte, pleine d'une mélancolique majesté, qui s'étend immédiatement sous les murs de la ville, dans la double plaine de l'Anio et du Tibre, et dont une ligne passant par le Soracte, Civita Vecchia, Ostie, Ardée, Albano et Tibur, dessinerait en réalité le périmètre.

La grande n'est autre que l'antique Latium tout entier, c'est-à-dire la contrée en deçà des Abruzzes que la Néra sépare de l'Ombrie et le Liris de la Campanie. Cette Campagne elle-même, prise dans l'acception la plus large du mot, se partage depuis le moyen âge en deux moitiés bien différentes : la campagne *intérieure* et la *maritime*. C'est ce territoire que nous allons maintenant parcourir, en combinant nos étapes de manière à n'oublier aucun lieu important, et sans nous préoccuper des chemins de fer. Les railways d'ailleurs n'abondent pas dans la *Campagna*, et à la figure défectueuse du réseau d'amorce, on devine tout de suite, comme l'a fait remarquer M. Élisée Reclus, que le mouvement d'unification politique, au lieu de se produire, ainsi que dans la plupart des autres pays, du centre vers la circonférence, s'est accompli en sens inverse.

Jadis, de nombreuses voies de communication, comptant leurs milles à partir de la *borne d'or* du Forum, rayonnaient de la ville conquérante vers tous les points du monde conquis ou à conquérir. Le premier en date et le plus célèbre de ces chemins puissamment contruits est la voie Appienne.

Elle sortait de Rome par la porte Capène (aujourd'hui porte San Sebastiano), au delà des Thermes de Caracalla, passait à l'ouest des monts Albains et Volsques, traversait les Marais-Pontins, puis longeait la mer, en touchant successivement à Terracine, Formies, Minturnes et Sinuesse. Elle fut ouverte en l'an 310 avant notre ère par le censeur Appius Claudius, qui la poussa jusqu'à Capoue, afin de relier à Rome la Campanie nouvellement soumise. On la continua ensuite jusqu'à Cumes, et elle finit par atteindre Brindes (*Brundusium*) sur l'Adriatique.

Nous savons par Horace et Strabon qu'en deçà de Terracine elle était bordée d'un canal qu'alimentaient les eaux des marais et des fleuves voisins, et qui desservait, comme voie de communication, bon nombre de localités. C'était surtout la nuit qu'on naviguait sur ce canal; on s'y embarquait le soir sur des bateaux tirés par des mules ou des chevaux, comme les anciennes *galiotes* qui descendaient de Paris à Mantes, et le lendemain, de bon matin, on reprenait la route de terre.

Voici quel était le mode de construction de ces chaussées. Sur une première fondation de mortier (*statumen*) on plaçait un lit de pierres larges et plates reliées par un ciment. Par-dessus venait le *rudus*, assise de béton formée de cailloux ronds ou cubiques, que recouvrait une troisième couche, faite de chaux et de tuiles battues. C'était sur ce triple lit qu'était posée la *summa crusta* ou croûte supérieure, composée soit d'un pavage de pierres volcaniques polygonales, soit d'un amas de cailloutis et de gravier bien agglutinés. La voie, large de soixante pieds en moyenne, était en dos d'âne, pour que l'écoulement des eaux se fît mieux. Souvent le milieu en était dallé; dans ce cas, les bas-côtés étaient cailloutés, afin de ménager le pied des bêtes.

Les routes principales et les plus fréquentées, telles que la *via Appia*, étaient en outre bordées de trottoirs où les piétons pouvaient cheminer et qui servaient de montoirs aux cavaliers pour se mettre en selle. De mille en mille pas, une *stèle* (borne) de forme cylindrique ou quadrangulaire indiquait les distances, comme faisaient en Grèce les *hermès*.

De Rome à Capoue, la voie Appienne était dallée, sauf dans la traversée des Marais-Pontins, où elle offrait un lit de terre et de gravier sur un fond de tourbe ; de Capoue à Brindes, elle était tout simplement cailloutée. En plus d'un endroit de son parcours, les

VOIE APPIENNE.

constructeurs avaient eu à vaincre de grandes difficultés. Il avait fallu, ici combler des marais, là couper des rochers ou élever de gigantesques remblais. A 16 milles de Rome, par exemple, près d'Arricie, on avait bâti, pour éviter une pénible montée, un viaduc de 800 pieds de long sur 44 de hauteur au-dessus de la vallée. Par les fondations qui en restent, on voit combien étaient énormes les masses équarries de pépérin qui en formaient les murs d'encaissement. Trois arcades y étaient ménagées pour la fuite des eaux. De même, on avait jeté en travers des Marais-Pontins une immense levée de 29 milles de long, ajourée en plusieurs endroits par de grandes arches de drainage.

Du même côté de Rome, il y avait la *via Latina*, qui sortait de la ville par la porte *Asinaria*, aujourd'hui murée. Ce n'était, en quelque sorte, qu'un embranchement de la voie Appienne, dont elle se détachait, à peu de distance de Rome, pour franchir les monts Tusculans entre la ville de Tusculum et les premières déclivités Albaines, et redescendre ensuite vers Algide et Pictæ. Là elle était rejointe par la voie Labicane, qui, partie de la porte Esquiline (Porta Magiore) en même temps qu'une quatrième chaussée, la via *Prenestina* ou *Gabiana* [1], laissait celle-ci sur la gauche pour se prolonger, l'espace de 120 stades environ, jusque vers la colline où sont les ruines de l'antique Labicum, en passant à l'est de Tusculum.

Plus à l'est était la voie Tiburtine (ou *Valeria*), qui desservait Tibur, la Sabine et le pays des Marses, coupant la péninsule à sa partie la plus mince, et réunissant les embouchures des deux principaux fleuves de cette zone, le Tibre (mer Tyrrhénienne) et l'*Aternus* (mer Adriatique). Cette chaussée franchissait les montagnes à l'est du lac Fucin, c'est-à-dire au mont Imeus, par un col élevé seulement de 1600 mètres au-dessus de la mer; après quoi elle traversait la porte rocheuse creusée par le fleuve entre le Grand Sasso et la Majella, pour atteindre l'Adriatique au-dessous de Chieti.

Ensuite venait la voie Salarienne (*via Salaria*), qui commençait à la porte Colline (actuellement Salara), par laquelle entrait le produit des *salines* établies en amont sur les prés du Tibre. Cette voie, qui menait de Rome à Picenum par la Sabine, escaladait les monts par un col au-dessous de 1500 mètres. A *Interocreum* (*Antrodoco*) elle se bifurquait; un de ses rameaux gagnait Picenum; l'autre allait à Amiternum.

Une autre voie, plus importante, était la voie Flaminienne (*via Flaminia*). Elle partait de la porte Ratumène [2], sous le Capitole, traversait le Champ de Mars en longeant les *Septa Julia* et le Pincio, et sortait par la porte du Peuple, pour courir le long de la rive droite du Tibre. Le consul Lépide la prolongea par la voie Émilienne, laquelle traversait diagonalement la péninsule du sud au nord, en passant par Modène, Parme et Plaisance. Cette dernière chaussée, qui a laissé son nom à une province de la moderne Italie

1. L'ancienne Gabies se trouvait en effet sur son parcours.

2. Jusqu'à cette porte elle s'appelait la *Via Lata*.

(l'*Émilie*), était donc la grande artère de jonction entre Rome et la plaine du Pô. Elle fut même poussée jusqu'à Aquilée (*Aquileja*).

A l'ouest de la voie Flaminienne, il y avait en outre les voies *Cassia*, *Claudia*, *Aurelia*, celle-ci longeant la côte tyrrhénienne et gagnant en Gaule la ville d'Arles; puis, au sud-ouest de Rome, sur les deux rives du Tibre inférieur, les voies *Ostiensis* et *Portuensis* qui conduisaient l'une et l'autre à la mer, et enfin, pour nous borner à citer les plus connues de ces chaussées antiques, la voie dite *Ardeatina*, parce qu'elle se dirigeait sur Ardée.

Toutes ces routes étaient à la fois stratégiques, commerciales et postales; les grandes étaient des *viæ publicæ*, appelées aussi *canales;* les petites des *viæ vicinales* (chemins vicinaux). Auguste, nous le savons, avait institué un service de postes public (*cursus publicus* ou *vehicularis*), dont les frais étaient à la charge des provinces, obligées de fournir les chevaux, les mules et les ânes. Les lettres étaient portées d'étape en étape par des coureurs (*cursores publici*), costumés, semble-t-il, à l'image de Mercure, avec une coiffure pourvue d'ailes latérales. Cicéron les nomme *Tabellarii*, *Pegasi*. Pour le service des dépêches d'État, il y avait des courriers à cheval appelés *veredarii equites*. Parfois, outre le cheval qu'ils montaient (*veredus*), ces derniers en avaient un autre (*paravaredus*) chargé des dépêches et conduit par une sorte de postillon (*catabolensis*) qui avait pour fonction de ramener les deux bêtes d'un relais à l'autre.

Il existait deux espèces de stations, les petites, *mutationes*, où l'on changeait seulement de chevaux, et les grandes, *mansiones*, qui servaient en même temps de gîtes pour coucher. La distance de l'une à l'autre variait. De Rome à Ariminum par exemple (Rimini), sur un espace de 43 milles (64 lieues), on comptait dix-huit stations, soit deux milles et demi environ d'une étape à l'autre. Ajoutons à ces renseignements sommaires qu'en dehors de la poste ordinaire il y avait la poste accélérée (*cursus celeris*), pour laquelle on employait des chars légers, tantôt à deux roues (*carpenta*), tantôt à quatre (*redæ*). Le quadrige (*reda quadriga*) était attelé, l'été, de huit mules, et, l'hiver, de dix. Pour le roulage au contraire (*cursus clabularis*) on usait toujours de véhicules à quatre roues (*clabula*) traînés, dans la belle saison, par deux paires de bœufs, et, dans la mauvaise, par six bêtes.

III

Strabon nous dit que le Latium, originairement occupé par diverses tribus autochtones que Rome absorba (Èques, Volsques, Albains, Herniques, Rutules, Pélignes, Frentans, etc.), était une région extrêmement fertile, abstraction faite de quelques points marécageux de la côte. Tout le territoire était très boisé, comme l'attestent et le culte antique du dieu Faune, et celui des Sylvains, divinités indigènes du Latium, et le rôle mythologique du pic vert, oiseau qui n'habite que les régions forestières. Des immenses forêts mentionnées jadis comme existant aux environs de Rome et se prolongeant même dans la ville par des bouquets de bois (*lucus*), il ne reste plus qu'un débris : c'est la chênaie mélangée d'autres essences qui s'étend d'Ostie aux Marais-Pontins. Partout ailleurs, en deçà des montagnes, règne une nudité presque absolue. Une solitude formée de 200 000 hectares de terrain d'alluvion au bord de la mer et de plateaux volcaniques entrecoupés de mornes ravins d'érosion, telle se présente en bloc la petite Campagne des monts de la Sabine à la mer et à Albano.

Passé l'étroite zone de villas et de *vignes* qui entoure les vieux remparts d'Aurélien, l'*agro romano*, c'est-à-dire l'espace désolé, commence. C'est le désert tragique, la ruine grandiose, le vide majestueux, qui captive l'âme et fascine les sens. De quelque côté que vous sortiez de Rome, au bout d'une demi-heure vous vous heurtez contre le néant, tout au plus contre des tombeaux, qui sont encore l'image du néant. On a peine à peine à croire qu'il fut un temps où les cités florissantes pullulaient sur ce sol, où le commerce animait cette côte, où rien que dans les Marais-Pontins on comptait vingt-trois villes. Aujourd'hui Monte Rotondo, Civita Castellana, Ronciglione et tant d'autres endroits ne sont plus, en quelque sorte, que de purs noms géographiques. Civita Vecchia elle-même n'est qu'un bourg moitié port, moitié citadelle. Il faut aller au nord jusqu'à Viterbe, au midi jusqu'à la moderne Capoue, c'est-à-dire sortir du Latium et franchir de chaque côté les montagnes, pour trouver, en dehors de Rome, deux localités de quelque importance.

C'est l'oubli du précepte du poète : *exiguum colito*, cultivez en

CAMPAGNE DE ROME.

petit, qui a causé le plus gros du mal. C'est l'absorption, dès le temps des Gracques, de la menue propriété par la grande, l'extension des immenses domaines, appelés jadis *latifundia*, qui a perdu, comme on l'a dit, l'Italie : *Latifundia perdidere Italiam*. Sous les empereurs, quand le monde entier fut chargé de fournir l'*annone* aux Quirites, les cultures achevèrent de céder la place aux villas, aux jardins, aux lieux de délices. Au labeur des hommes libres avait succédé d'ailleurs celui des esclaves, dont le nombre ne cessa

UN CIMETIÈRE DANS LA CAMPAGNE

d'augmenter. Tout un peuple de maquignons vivait, à Rome, de ce négoce lucratif. Comme les modernes trafiquants de « bois d'ébène », ils avaient des sujets de toute catégorie et de toute

RETOUR DU TROUPEAU A LA TENUTA.

origine, depuis le prisonnier de guerre coiffé de la couronne de laurier jusqu'à l'individu aux pieds frottés de gypse ou de craie, pour indiquer qu'il venait d'outre-mer. La piraterie alimentait aussi ce commerce. Après la destruction de Carthage et de Corinthe, les Romains, devenus riches, avaient voulu de nombreux domestiques, et les écumeurs de mer s'étaient mis en mesure de leur en fournir. L'île de Délos était un de leurs repaires principaux; des centaines d'esclaves en sortaient par jour.

Quand survinrent les grandes invasions des IVe et Ve siècles, cette population serve se trouva, elle aussi, dispersée, si bien que, du jour au lendemain, le Latium fut changé en une solitude où plus rien ne poussa. Le moyen âge avec ses guerres féodales et ses condottières, le régime ecclésiastique et monacal avec sa mainmorte, achevèrent l'œuvre de dépopulation et de ruine. La campagne déserte fut envahie par le marécage, et la *malaria* empesta tout le pays. Aujourd'hui encore, comme au temps de Pline, le sol tout entier est aux mains de grands propriétaires (corps religieux ou familles princières), qui en abandonnent l'exploitation à cette gent d'entrepreneurs agricoles que j'ai déjà présentés au lecteur sous le nom de *mercanti di Campagna*. Ce sont ces derniers qui tiennent à bail tous les *latifundia* de la contrée, lesquels, au point de vue agricole, se présentent sous trois aspects principaux.

Il y a d'abord les bois ou *macchie*, composés en majeure partie de taillis chétifs et de broussailles, parmi lesquels croissent seulement çà et là quelques arbres d'une essence plus relevée; en second lieu, les pâtis ou *pastorizie*, champ de promenade de ces grands bœufs aux cornes gigantesques dont j'ai déjà eu occasion de parler et des troupeaux de buffles et de moutons qui leur tiennent société de la plaine aux monts; enfin les *tenute*, comme on appelle les habitations rurales dont dépendent les bois et les pâturages. Ce sont en général de vieux bâtiments à l'aspect féodal, qui ressemblent plutôt à des citadelles qu'à des métairies; quelques-unes même, telles que Palo, entre Civita Vecchia et Ostie, sont en réalité de vieux castels, avec des murs en glacis, résidences sordides de la tête aux pieds, qu'on a tant bien que mal aménagées à l'usage de leurs nouveaux habitants. Une autre ferme du même district, la *Magliana*, est tout bonnement un ancien couvent.

Le sol arable, *arvum*, comme disaient les Latins, n'est guère cultivé qu'une année sur trois ou sur quatre; c'est le système appelé *terzeria* ou *quarteria*. La jachère sert ensuite de pâtis, alternativement aux moutons et aux bœufs. Malgré cela, le bétail reste insuffisant. La *Campagna* n'alimente pas Rome de viande de boucherie; il faut importer celle-ci de l'Ombrie et du val di Chiana.

Les travailleurs, sur chaque domaine, sont tous des tâcherons

DÉTAIL DE LA CAMPAGNE DE ROME.

nomades, montagnards des Abruzzes ou de la Sabine, que le fermier va engager dans leur pays même pour les labeurs de la saison, semage ou récolte. Leur besogne faite, ces ouvriers que talonne la peur légitime de la fièvre, s'empressent de regagner leurs villages. Combien, avant l'heure de la retraite, périssent victimes de la *malaria!* Chaque localité des districts apennins fournit d'ailleurs sa catégorie de manouvriers : les gens d'Aquila, par exemple, se louent d'ordinaire comme terrassiers; les Amatriciani s'adonnent aux plantations, au tressage des haies; la région de Frosinone envoie surtout des faneurs et des moissonneurs.

CHEVRIER.

Quant aux bergers et aux chevriers (*vaccáro*, *pecoraio*), deux fois l'an ils émigrent des plaines latines aux monts Sabelliens. Quand l'herbe d'en bas, dévorée par la sécheresse, a fait place au sol rougi et pelé, et que les bêtes haletantes, amaigries, se groupent tristement en tirant la langue, le pâtre n'a plus qu'à emmener son troupeau vers les hauteurs où un gazon dru s'est conservé à l'ombre des arbres. A mesure que l'été s'avance, il monte d'un étage de la montagne à l'autre, jusqu'à ce qu'il atteigne les pacages supérieurs, c'est-à-dire la zone des neiges hivernales où habitent les grands fauves de l'alpe, et du haut de laquelle les rivières du Latium n'apparaissent plus dans la plaine vaporeuse que pareilles à de minces filets argentés.

Enfin les derniers gramens de la cime ont été dévorés à leur tour; les feuilles tombent, les frimas s'approchent, l'Apennin va reprendre son linceul de brumes et de névés. Alors s'achève le cycle de *transhumance*. Au moment où le ban des moissonneurs et des vendangeurs regagne de son côté les montagnes, le berger redescend vers *l'agro romano* pour y hiverner sur le littoral, plus clément, sinon plus salubre. Des files de plusieurs milliers de bêtes s'ébranlent ainsi, escortées des gardiens jouant de la cornemuse et des grands chiens aux jappements sonores; pendant des heures les routes en sont au loin encombrées, et la poussière roussâtre soulevée par la longue théorie ressemble quelque peu, à distance, aux dernières bouffées d'un incendie qui s'éteint.

IV

La partie la plus triste peut-être de la *Campagna* est celle qui s'étend au nord de Rome, du confluent de l'Anio au Soracte et à Bracciano, c'est-à-dire ce plateau veïen, d'une altitude de 200 mètres en moyenne, où le Tibre déroule ses replis parallèlement à la voie Flaminienne. Explorons un peu cette région volcanique, en sortant par la porte du Peuple.

Nous trouvons tout d'abord à notre droite le Casino assez mal soigné de Jules III, puis la villa Borghèse, vaste parc de six kilomètres de tour, qui mérite d'être visité en détail. Outre la résidence princière, il renferme une douzaine de fermes, des habitations de

CASINO DE JULES III, PRÈS LA PORTE DU PEUPLE.

jardiniers et de pâtres, et des bâtiments artistiques de tout genre. Péristyles à colonnes, temples, portiques, édicules sacrés, vasques, statues de toute sorte, s'y marient harmonieusement aux plus délicieux ombrages que l'on puisse rêver. Il y a là de magnifiques prairies diaprées de fleurs, des fontaines qui jasent discrètement au fond des allées, un lac alimenté par une cascatelle, de grands pins parasols, de vieux hêtres pensifs, des peupliers aux fûts élancés, des chênes verts à la coupole immobile, bref, de quoi satisfaire à la fois les yeux de l'homme du Nord et ceux de l'homme

JARDINS BORGHÈSE.

du Midi. On y rencontre même des troupes de chevaux paissants et un vrai champ de courses. Une superbe collection artistique est, de plus, rassemblée dans le Casino. On y voit notamment, dans le salon dit d'Hercule, une statue de ce demi-dieu habillé en femme, et, au premier étage, trois ouvrages du Bernin : Énée emportant son père, David faisant jouer sa fronde, Daphné atteinte à la course par Apollon, puis la statue de Pauline Bonaparte, femme du prince Borghèse, sculptée en Vénus Anadyomène par Canova.

Au sortir de ce poétique promenoir, nous reprenons la route du Ponte Molle. C'est une longue chaussée de près de trois kilomètres, très malsaine l'été, et bordée de maisons, de guinguettes surtout, de cabarets, d'auberges de rouliers, aux murs ornés de fresques et de paysages. Çà et là, comme dans certaines hôtelleries de l'Allemagne, des images symboliques indiquent au passant que le bonhomme Crédit, ainsi qu'on l'appelle, est mort dans cette banlieue flaminienne. C'est, par exemple, un ballon captif au-dessous duquel sont tracés ces mots :

Quando il ballone partira
Credenza si farà!

ou bien un coq peint, et cette inscription :

Quando 'sto gallo canterà
Credenza si farà!

« Quand ce ballon partira, ou quand ce coq chantera, on servira céans à crédit! »

Ce qui n'empêche pas les *osterie* de regorger de chalands; les uns boivent et chantent; les autres, jouent à la *morra*[1], tandis que les bêtes attendent au dehors.

A gauche, le long du Tibre, au pied du monte Mario revêtu de grands arbres, apparaît la promenade du Poussin, un des coins les plus épiques de la petite Campagna. Tout le jour, des troupes de chèvres y broutent ou y ruminent au bord de l'onde, parmi les

1. Ce jeu très ancien (voyez notre *Italie pittoresque*, p. 150), et connu sans doute des Égyptiens, s'accorde bien avec la vivacité de mouvements des peuples méridionaux. Quand les Romains voulaient désigner un homme d'un exacte probité, ils disaient : « Il est tellement honnête qu'on peut jouer avec lui à la morra dans les ténèbres. » Au musée étrusque du Vatican, on voit un vase exhumé de Vulci représentant Achille et Ajax jouant à ce jeu pour charmer leurs loisirs pendant la guerre de Troie. Il était aussi fort en usage chez nous au temps de la Chevalerie.

VAL DU POUSSIN.

touffes de buissons et de myrtes. A midi, la solitude s'anime davantage; les pâtres d'alentour y viennent abreuver leurs bêtes dans un joli gué où ânes et mules se délectent et pataugent à l'envi.

Voici enfin le Ponte Molle (ex-*Milvius*) avec ses quatre statues lézardées. Le Tibre y décrit sous les monts Parioli une ample courbe en fer à cheval, se repliant comme un serpent entre le chemin de fer qui suit la rive gauche et la voie Flaminienne sise à l'opposite. C'est tout près de là que se détache à gauche le chemin de Bracciano (ex-*via Cassia*). Au bas des collines précitées jaillit une fontaine, l'*acqua Acetosa*, dont l'onde se débite dans les rues de Rome, à ce cri bien connu : *fresca, fresca, l'acqua Acetosa!* Tout à l'entour paît le magnifique bétail de la Campagna. Ces prés étaient, soit dit en passant, le champ de manœuvres de nos soldats, à l'époque déjà semi-fabuleuse où nous occupions la Ville Éternelle. Plus loin, sous la colline arrondie qui portait jadis la ville sabine d'Antemnæ (*ante amnem*), l'Anio se jette dans le Tibre. Et toujours l'*osteria* bruyante et houleuse.

Mais là expire la vie. Passé le pont, derrière une auberge, le désert commence. Plus de maisons, plus de cultures; plus un arbre au bord de la jaune rivière. A la Storta, le chemin se bifurque de nouveau. La chaussée Cassienne file à droite, du côté où se trouvaient les ruines de Véies, la cité étrusque qui soutint une guerre de cent ans contre Rome et dont Camille ne s'empara qu'au prix d'un siège de dix ans, et encore par un stratagème. L'embranchement de gauche, la *via Claudia*, se dirige par un grand circuit vers Bracciano et son lac. Entre les deux routes se développe l'aqueduc qui apporte au Janicule l'onde Pauline.

Le lac de Bracciano (ex-*Sabatinus*) a près de six lieues de circonférence sur deux de largeur et 250 mètres de profondeur. Comme le lac de Bolsena, situé plus au nord, c'est sans doute un ancien cratère. Il est surtout remarquable par les forêts séculaires qui l'entourent. Un petit bourg avec un castel gothique construit tout en lave noire en occupe la rive occidentale; au nord, à Vicarello, est un établissement thermal très fréquenté dans l'été, et dont les ondes sulfureuses étaient déjà en vogue du temps des Romains, car on y a trouvé nombre de pièces jetées là en offrande par les malades ainsi qu'au Juturne. Toute la région est d'ailleurs pleine de lacs. Plus haut, derrière la forêt Ciminienne, est un autre bassin, le *lago di Martignano* (ex-*Alsietinus*), qui s'écoule dans le précédent par un émissaire souterrain. Au-dessus encore, à une altitude de 233 mètres, se trouve le *lago di Stracciacappa*. Devant les deux s'étend la profonde vallée de Baccano, que franchit la *via Cassia*. Plus à l'est, près de Scrofano, se dresse un ancien cratère, le monte Musino, dont la cime, haute de 402 mètres, est parfaitement visible de Rome, bien que, de loin, tous ces monts plutoniens ne dessinent pas une figure aussi nette que les crêtes déchiquetées du Soracte.

Ce mont Soracte (686 mètres), aujourd'hui Saint-Oreste, vers lequel nous pouvons revenir par Civita Castellana ou Nepi, représente, je l'ai dit, comme une sentinelle avancée des monts de la Sabine. C'est un îlot calcaire au milieu des terrains de la plaine volcanique. Le Tibre de nouveau franchi, nous atteignons la via Salaria, puis l'Anio, que nous passons à son tour sur le pont Salaria, où Manlius Torquatus livra son célèbre combat au Gaulois. Plus loin, à notre gauche, est la voie Nomentane, qui vient de Nomentum (aujourd'hui Mentana), en filant au pied de ce mont Sacré qui fut la première citadelle de la plèbe romaine affamée par les patriciens. A l'arrière-plan se dessinent les contreforts du monte Corno.

La voie Nomentane franchit, elle aussi, l'Anio par un pont à demi ruiné qui date du temps de Bélisaire, et, après avoir passé devant la basilique constantinienne appelée Sainte-Agnès hors les Murs, elle aboutit à la porte Pia (ancienne porte Nomentane), par laquelle Néron, fuyant ses soldats révoltés, s'échappa de Rome suivi d'un esclave, tandis que, dans le champ voisin, les Prétoriens criaient : Vive Galba!

Non loin de Sainte-Agnès, l'église précitée, se trouve, dans un jardin en friche, un escalier d'accès des catacombes.

On sait maintenant que ces sépultures souterraines ne sont pas une invention des premiers chrétiens. Avant eux, à Rome même, les juifs et les païens en avaient creusé à leur usage. Pline nous apprend que l'usage de l'incinération n'était pas très ancien, et que nombre de grandes familles avaient coutume d'enterrer leurs morts. Salluste avait des catacombes dans ses jardins. Le dictateur Sylla fut le premier personnage de la *gens* Cornelia qui fût

BRACCIANO ET SON LAC.

brûlé. Naples a ses catacombes, aussi vastes peut-être que celles de Rome, et l'on a retrouvé des traces d'hypogées semblables à Carthage, en Phénicie, en Asie Mineure, dans la Chersonèse.

Les chrétiens, en inhumant leurs morts dans ces cryptes, ne firent donc que suivre une tradition en vigueur chez la plupart des peuples d'Orient. On sait aussi que ces Catacombes, que la légende s'était plu à représenter comme une œuvre d'excavation clandestine,

LE PONT NOMENTANE.

comme une sorte de cité mystérieuse où l'on ne pénétrait qu'avec toutes sortes de précautions, n'ont pu être établies qu'avec l'autorisation et au su de l'administration romaine. Ce ne fut que passagèrement, aux époques toujours très courtes de persécution, que certaines de ces galeries furent non pas habitées d'une manière permanente par les adeptes de la foi nouvelle (l'air et l'espace y eussent fait défaut), mais fréquentées à de certaines heures en vue d'exercices religieux qu'on ne pouvait célébrer ailleurs en sécurité.

Toujours est-il qu'au IIIe siècle, le long des quinze voies consulaires qui partaient du Capitolin, il existait, outre une vingtaine de cimetières souterrains[1] consacrés à des familles, vingt-six grandes catacombes qui répondaient au nombre des paroisses à cette époque. Dès le xe siècle les entrées de ces nécropoles se trouvèrent comblées, et, au cours du moyen âge, leur existence même avait fini par être entièrement oubliée. Ce ne fut qu'à la fin du XVIe siècle qu'un éboulement fortuit fit retrouver une des galeries de cette Rome

SAINTE-AGNÈS HORS DES MURS.

souterraine. Depuis lors, et de nos jours surtout, des fouilles importantes ont mis à découvert bon nombre de ces lignes d'excavation, et l'on a calculé que ces labyrinthes mesurent, bout à bout, une longueur de près de 150 lieues. La largeur moyenne des corridors est de 80 centimètres. Ils sont superposés jusqu'à former parfois cinq et six étages. Jamais ils ne sont creusés à une profondeur dépassant 25 mètres; c'est à ce point que finit la croûte volcanique

1. L'un des plus anciens est le cimetière de Domitilla, sur la voie Ardéatine, dont l'entrée architecturale forme une saillie au-dessus du sol. Les principales catacombes, outre Sainte-Agnès, sont celles de Saint-Calixte et de Saint-Prétextat, sur la voie Appienne, et celle de Saint-Alexandre, sur la voie Nomentane.

et que commencent les argiles humides. Dans les catacombes de Sainte-Agnès, il y a, au-dessus des cryptes, des *arenaria* (carrières à sable) avec des voûtes plus spacieuses et de larges couloirs praticables aux charrois. Dans ces carrières sont souvent taillés des escaliers étroits, des trappes pour descendre aux hypogées sis plus bas. Les parois de ces derniers sont creusées en forme de casiers, de trous à tiroirs (*loculi*), où l'on déposait les cadavres. De place en place sont des espèces d'échancrures carrées qui servaient sans doute d'oratoires ou de chapelles.

CHAPITRE XI

De la porte San Lorenzo aux collines de Tibur. — Un chapitre de la vie antique à propos des ruines de la villa d'Hadrien. — Flânerie à travers le domaine du dieu Priape. — Les vins du Latium. — A Tivoli; les cascatelles. — Dans la vallée de la Licenza, à la recherche de la ferme d'Horace. — Subiaco et la légende de la Sainte-Grotte. — Sous les ombrages d'Olevano; les hôtes de la *Casa Balbi*.

I

Le dernier affluent gauche du Tibre en amont de Rome, c'est, nous l'avons vu, le rapide Anio (Teverone), enfant des monts de la Sabine. Plusieurs voies, entre autres la Tiburtine, conduisaient jadis dans cette belliqueuse région, habitée par une race si énergique, que Rome, nous dit Strabon, ne commença de jouir de ses richesses que lorsqu'elle eut réduit à l'impuissance ces voisins redoutables.

C'est par la porte San Lorenzo (ancienne Esquiline) que nous gagnerons cette région enchantée de l'ex-Tibur, qui, avec les collines Tusculanes plus au sud, représente la Suisse de la petite Campagne.

Après avoir laissé à gauche la basilique de Saint-Laurent hors les Murs, nous traversons le chemin de fer d'Ancône, qui se dirige à droite vers les monts Albains. Tout d'abord, c'est le véritable désert; çà et là seulement quelques hôtelleries, des troupes de bœufs ou de chevaux paissant l'herbe maigre. Puis le sol commence à s'élever; des bouquets d'arbres annoncent la proximité de l'Anio, qu'on franchit une première fois sur le pont Mammolo. On range ensuite à gauche quelques petits lacs, et l'on traverse le canal de la Solfatare (*aquæ albulæ* des anciens) qui va déverser au Teverone ses eaux savonneuses et fétides. Agrippa y avait établi des Thermes où Auguste venait se baigner. Un peu plus loin, on passe derechef la rivière

CLOITRE DE SAINT-LAURENT HORS DES MURS.

au site pittoresque du pont Lucano, près duquel s'élève un monument en forme de tour crénelée, sépulture de la famille Plautia. Au delà de ce tombeau, le chemin se bifurque : à gauche il s'enfonce sous les fourrés d'oliviers qui mènent à Tivoli ; à droite il se prolonge dans la plaine.

Suivons d'abord ce dernier sentier : il nous conduira en vingt minutes à la fameuse villa d'Hadrien. Ce n'est plus qu'un énorme chaos de ruines. Plusieurs kilomètres durant, on heurte de massives substructions, des fûts de colonnes, des blocs de pierre épars, des fragments de murs restés debout ; aussi avait-on pris au début ces débris gigantesques pour les restes de Tibur même, qu'on supposait avoir occupé la plaine avant d'être monté à l'assaut des hauteurs. Les gens du pays nomment encore cet endroit *Tivoli Vecchio*.

La destruction de la résidence d'Hadrien date sans doute du temps de Totila, qui ravagea toute la région tiburtine, y compris la ville même ; après quoi, la charrue passa sur les allées du parc, et les jardins se convertirent en cultures. Au xve siècle toutefois, il restait encore quelques vestiges de l'immense villa, car Pie II, qui visita l'emplacement, s'extasiait sur les voûtes des temples, sur les colonnes des péristyles, les portiques, les étangs. Aujourd'hui, l'œuvre de nivellement est complète. Le long des murs jadis décorés de délicates peintures et tendus de riches étoffes, le lierre et la ronce foisonnent à leur aise ; les reptiles nichent dans les chambres à coucher. La Renaissance ici encore a porté le dernier coup à l'antique ; elle a fouillé le sol et bouleversé les édifices afin d'exhumer mosaïques et statues. Et que d'objets d'art sont sortis en effet de ce coin de terre ! La Vénus de Médicis, l'Antinoüs, les Centaures de marbre du Capitole, les Muses et la Flore du Vatican ! Ce pillage du passé a duré plusieurs siècles. De nos jours seulement, le gouvernement italien a acheté la villa à ses derniers possesseurs les Braschi, et a mis fin à l'exploitation de la grande ruine.

Située au pied de la hauteur qui portait Tibur, cette villa d'Hadrien, ouverte aux moites haleines de l'ouest, était en revanche abritée par les collines d'alentour des souffles malfaisants du sud. Au nord s'étendaient deux petits vallons parallèles, enfermant un plateau en terrasse de deux ou trois kilomètres de longueur, et arrosés par deux ruisseaux issus des monts Sabins, qui se réunissaient près de la villa avant d'aller se jeter dans l'Anio. Là, dans un périmètre de près de 10 milles, se voyait comme un abrégé des merveilles du monde alors connu : le Lycée, l'Académie, le Pœcile d'Athènes, le Sérapéon de Canope, la vallée de Tempé, le Tartare et l'Élysée ;

puis des théâtres, des temples, une naumachie, des casernes pour les Prétoriens. Entre les deux quartiers extrêmes de la gigantesque maison de plaisance, on avait pratiqué des corridors souterrains (*cryptoporticus*) qui permettaient au maître d'aller à son gré, sans redouter la chaleur et les importuns, d'un bout à l'autre de son rustique empire. Un des deux ruisseaux, à sec, il est vrai, une partie de

VILLA HADRIEN.

l'été, a reçu des archéologues la dénomination classique de Pénée.

Il n'y avait là sans doute ni Olympe, ni Pélion, ni Ossa, ni aucune de ces roches sourcilleuses du haut desquelles, comme dit Tite-Live, l'œil et l'âme sont pris de vertige. Les anciens, au lieu de rechercher, comme nous le faisons, ce genre de pittoresque, s'attachaient au contraire à niveler, par toutes sortes de substructions dispendieuses, les inégalités et intumescences que pouvait offrir le sol de leurs parcs, et, à la villa d'Hadrien notamment, on n'avait pas manqué d'aplanir tous les reliefs naturels du terrain. Le site néanmoins, aujourd'hui encore, est des plus ravissants : de magnifiques bouquets d'oliviers, aux troncs bizarrement tordus et noueux, y dominent de frais tapis de verdure ; en face se dresse Tivoli avec ses clochers, ses vieilles maisons, ses rues montueuses, ses villas modernes, et ses treilles reposant sur des pilastres de pierre blanche.

II

Les philosophes avaient beau déclamer contre le luxe et la mollesse orientale introduits à Rome près de 200 ans avant notre ère, à la suite de la guerre contre Antiochus : c'était à qui, au temps de Cicéron, aurait, dans la petite ou la grande Campagne, sa soi-disant maison des champs, plus ou moins sœur du palais d'Hadrien. Un jour vint où toute l'Italie, des rivages de Baïes aux racines des Alpes, fut couverte de somptueuses villas de ce genre. Les plus riches citoyens en possédaient aux quatre points de l'horizon à la fois. Quant aux misérables, aux *minenti*, comme on dit de nos jours, Pline nous apprend qu'ils devaient se contenter de quelques fleurs étiolées aux fenêtres de leur pauvre logis, dans leur maigre fraction d'*insula*, sur le *vicus* ou le *compitum*. Ceux qui étaient d'un degré plus aisés et pouvaient avoir une maison à eux seuls, se ménageaient derrière l'*atrium* un jardinet planté de quelques arbustes, avec un petit *euripe* ou bassin, et à l'arrière-plan une grotte de rocaille où figurait une perspective en peinture. Ce n'était sans doute qu'un simulacre insuffisant de campagne ; aussi, les jours de fête, le peuple se répandait-il en dehors de la ville, dans les rustiques tavernes de la banlieue, dans les bois sacrés, le long de la rivière, dansant et festoyant, dit Ovide, sous les ombreuses tonnelles de feuillage.

Pour en revenir aux villas antiques, il ne faudrait pas croire cependant que, pareilles aux parcs anglais de nos jours, elles fussent d'ordinaire créées à l'image de la nature libre et véritable ; la plupart au contraire n'étaient qu'un prétexte à décorations architectoniques où le goût de l'artiste se donnait carrière. Terrasses, escaliers, portiques, fontaines et statues en formaient avant tout la substance, et les massifs d'arbres ou d'arbustes y étaient soumis à une coupe préconçue, qui ne variait guère d'une villa à l'autre. Certaines peintures de Pompéi nous montrent bien ce qu'étaient ces jardins. Des plantations toujours régulières, encadrées de charmilles rectilignes avec des allées se coupant à angle droit; au milieu un rond-point avec un bassin où nageait un cygne; çà et là de petits berceaux

VILLA ANTIQUE SUR LE BORD DE LA MER.

verts enguirlandés de vignes; au fond, une colonne ou une statue de marbre, autour de laquelle des sièges invitaient à se reposer.

Ce tableau concorde parfaitement avec certaine description de Quintilien, qui s'extasie précisément sur des parcs arrangés de telle façon que, de chaque point, l'œil se perd à souhait dans une enfilade de lignes droites. Pline le Jeune nous parle avec non moins

JARDINS ANTIQUES.

d'enthousiasme de ces allées irréprochables de platanes où chaque tronc, également treillissé, s'unit à l'autre par des cordons de lierre. Tout cela était plus fastueux que rustique, et le fameux *xyste* lui-même, en dehors des senteurs qui s'en exhalaient, n'avait en soi rien de vraiment champêtre. C'était une promenade découverte, un parterre planté de fleurs odoriférantes, et orné de buissons représentant toutes sortes de figures bizarres, par exemple des animaux féroces taillés dans de grosses touffes de buis à l'extrémité d'un lit de gazon, parfois même des flottes, des chasses, et autres tableaux de verdure en relief. C'était, paraît-il, Caïus Matius, chevalier romain ami d'Auguste, qui avait inventé ce genre de sculpture.

Les essences les plus employées, outre le buis, étaient le cyprès, le platane d'Asie, le pin candélabre, puis le picéa, facile à tailler, le peuplier blanc, le figuier, le mûrier, le laurier, le tout formant des massifs bizarres, enfermant des avenues séparées par de petites prairies dont les contours étaient indiqués par le susdit buis ou par des romarins de couleur grisâtre disposés avec art par le tondeur d'arbrisseaux.

Quant aux clôtures mêmes des jardins, elles étaient composées de longs portiques chargés de statues, avec des filets d'eau gazouillant à travers des *triclinia* luxueux. Un autre ornement indispensable, c'était le dieu Priape, gardien et protecteur des enclos. Il était représenté à mi-corps, engaîné par sa partie inférieure. Obligé de rester fixe à son poste, qu'avait-il besoin de pieds en effet? Barbe touffue du reste, et longues oreilles de satyre. Il n'avait pas plus de bras que de jambes; aussi attachait-on à son buste la faux ou le bâton au moyen desquels il devait écarter les voleurs. Cette divinité assez fruste d'aspect présidait de même au champ le plus modeste, où souvent elle était figurée par un simple tronc de figuier, d'orme, de cyprès, grossièrement découpé à la serpe.

La flore, somme toute, était assez pauvre, les Romains n'avaient pas encore les essences jardinières que nous possédons. La tulipe, l'odorant syringa, la jacinthe, la renoncule d'Asie par exemple, nous sont venus de Constantinople, par Vienne et Venise. Les plantes d'Amérique leur manquaient aussi, cela va sans dire; magnolias, figuiers d'Inde et eucalyptus sont des importations toutes modernes sur les rives de la Méditerranée; le citronnier lui-même est postérieur au temps de Sixte-Quint. En revanche le platane oriental, déjà mentionné, fut un des premiers arbres exotiques acclimatés sur le sol italien. Il fut tout d'abord planté en Sicile à l'époque de Denys l'Ancien, c'est-à-dire au IVe siècle avant l'ère chrétienne. Depuis lors les Romains l'eurent en telle estime, qu'on le nourrissait en l'arrosant de vin pur.

UNE RUE A TIVOLI.

L'olivier, consacré à Minerve, comme le chêne l'était à Jupiter, le laurier à Apollon, et le peuplier à Hercule, était également une des essences qui prospéraient le mieux. Virgile en distinguait trois espèces : l'orchite, le rodius et le pausia. Cet arbre montait et monte encore jusqu'à 700 mètres d'altitude, près du lac Fucin.

FONTAINE A TIVOLI.

A Nice, il pousse ses stations à quatre-vingts mètres plus haut. Quant au myrte, l'arbre de Vénus, on croit qu'il fut la première essence plantée à Rome dans les lieux publics. On connaît la légende des deux myrtes sacrés qui croissaient devant le temple de Quirinus. L'un était appelé le *patricien*, l'autre le *plébéien*. Tant que le Sénat conserva sa puissance, le premier fut plein de sève et de vigueur, le second rabougri et chétif; mais quand, au temps des guerres de Marius, l'autorité des Pères conscrits s'affaiblit, le myrte plébéien prit le dessus, et peu à peu il devint énorme à son tour, tandis que son frère s'étiola de jour en jour au fur et à mesure que le corps majestueux des sénateurs se stérilisait, lui aussi.

Ajoutons que les plantes principales de parterre, en sus de celles que l'on a citées, étaient le pavot, la giroflée, le souci, le narcisse, la gueule de lion, les violettes dites de Tusculum, pourpres, jaunes ou blanches, et enfin diverses espèces de roses, roses du Latium, de la Campanie, d'Héraclée, de Pæstum et de Milet. La vigne enfin, qui montait à l'ormeau du temps de Virgile aussi bien qu'aujourd'hui, donnait toutes sortes de crus estimés. Un des meilleurs était le Falerne, produit mi-latin et mi-campanien, puisqu'il croissait à la frontière de l'une et de l'autre région. On en distinguait trois espèces : l'astringent, le doux, et le léger. La variété connue sous le nom de Falerne faustin se récoltait à 5 ou 6 milles de Sinuesse. A la même zone appartenait le Cécube, fils généreux des coteaux de Formies et des marécages plantés de peupliers qui environnaient le golfe d'Amycle. Ensuite venaient les vins d'Albe, excellents, disait-on, pour les gens nerveux; puis le Surrente, un cru campanien. Auguste, lui, préférait le Cétia, qui poussait au-dessus de Forum Appii, à la lisière des Marais-Pontins, tandis que sa femme Livie, qui vécut quatre-vingt-deux ans, attribuait cette longévité à l'usage du vin de Pucinum, qui vient près du golfe de l'Adriatique.

A tous ces nobles crus d'Italie, qui n'ont guère commencé d'être en renom qu'après l'an 600 de Rome, il convient d'ajouter, pour mémoire, certain vins secondaires, — piquettes du Latium, — qui formaient la boisson ordinaire du peuple. Un des plus mauvais était, j'imagine, ce clairet piqué de Véies qui, au dire de Perse, exhalait l'odeur fétide de la poix. Je ne parle pas du vin artificiel que l'on fabriquait, nous assurent les auteurs, soit avec du moût et de l'eau, soit avec de la graine de millet mûre et du moût, soit avec le lotus.

III

Et là-dessus, gravissons l'âpre pente, jalonnée de vieux troncs d'oliviers tordus, qui conduit à l'ex-*Tibur*, appelée actuellement Tivoli. La voici, avec ses rues pittoresques, quasi suspendues au rebord d'une vallée étroite et profonde, à un endroit où les monts de la Sabine s'ouvrent en fer à cheval; la voici devant nous cette vieille bourgade dont Horace a chanté si complaisamment les ondes limpides et les frais ombrages, et où il a passé le meilleur de son temps, dans le domaine qu'il tenait de Mécène. C'est aussi dans ce charmant éden que Properce célébra sa Cynthia, la « Vierge dorée de Tibur »; c'est là également que Zénobie, la reine déchue de Palmyre, vécut durant sa captivité. Le lieu est plein de senteurs agrestes; l'aloès s'y accroche partout aux vieux murs; et quel ruissellement d'ondes sonores! Qui n'a entendu parler de ces merveilleuses chutes de l'Anio? Le fleuve y dévale, on le sait, dans l'abîme, en trois sauts effroyables, accompagnés de mille cascatelles et de mille suintements divers de forme et de figure. La vallée est au loin assourdie par l'onde mugissante et cabriolante. Tout au bord du gouffre, couronné de jardins, de colonnes, d'arcades et de tourelles, se dressent le temple carré de la Sybille et un autre édifice circulaire, reste d'un temple de Vesta ou d'Hercule.

Du sommet du coteau, aux pans forés en manière de crible, on descend aux cascades par un sentier en lacet où les roches, bizarrement ébréchées, sont toutes treillissées de lianes et d'arbustes, et où se creusent une quantité de porches, de grottes et de niches. Les plantes alpestres se mélangent ici à celles de la Grèce, et jusqu'à la villa d'Hadrien, sise à la racine même du mont, le terrain épuise tous les genres de coupes les plus fantastiques.

Si, pour mieux jouir de la vue des cascades, on contourne à l'est le ravin où elles tombent, on arrive par un chemin en terrasse aux ruines d'une splendide villa, celle de Quintilius Varus. Là ont été trouvés, servant, je crois, à l'ornementation d'une fontaine, les Faunes ivres du Braccio Nuovo (Vatican), puis les Centaures, la tête de Cybèle, l'Harpocrate ou dieu du Silence, l'Antinoüs et la mosaïque des Colombes autour d'une conque qui sont au musée du Capitole. Rien qu'à reconstruire par la pensée ces antiques résidences, combles de trésors, on rêve malgré soi de ces deux troncs d'arbres

FILLETTE DE LA SABINE.

qu'on voit aussi au Vatican, dans la galerie des Candélabres, et qui portent une quantité de nids pleins de petits Amours.

En face de la villa de Varus était celle de Mécène, dans les ruines de laquelle s'est, si je ne me trompe, logée une usine. Puis, à l'extrémité opposée de la bourgade, c'est-à-dire à l'ouest, près de la porte San Croce (Sainte-Croix), se trouve une villa moderne qui a été, au XVIe siècle, la propriété du cardinal Hippolyte d'Este, oncle de cette Éléonore dont le Tasse eut l'âme si férue. Des terrasses ombreuses de cette résidence, sorte de palais au Bois dormant laissé

CASCATELLES DE TIVOLI.

aujourd'hui à l'abandon, on jouit d'une perspective magnifique sur Rome et sur toute la Campagne jusqu'à Ostie et à Bracciano.

Que de ravissantes excursions à faire de Tivoli ! Que de délicieux Édens à dénicher sur chaque revers et dans chaque pli des montagnes !

C'est, en premier lieu, la promenade classique par la vallée de

PETIT GARÇON DE LA SABINE.

la Licenza (ex-*Digentia*), à la recherche de la maison d'Horace. On remonte l'Anio au nord-est, sur une vingtaine de kilomètres, dans la direction de Vicovaro ; ensuite, passé le village de Rocca Giovane, sis au haut d'un roc escarpé, on atteint une autre colline nommée *Colle Di Poetello*, à l'est de laquelle se trouve une terrasse cultivée qu'on croit être l'emplacement de la ferme du poète. Tout ici, en effet, est plein de son souvenir. Près de là coule la fontaine qu'il disait être près de sa demeure, *tecto vicinus aquæ fons ;* près de là aussi, c'est-à-dire sur l'autre bord du torrent, est Cantalupo[1], la froide Mendela, *rugosus frigore pagus*, dont il nous parle également dans ses vers.

Si l'on continue au contraire de remonter au sud le cours fougueux du Teverone, on gagne à vingt kilomètres plus loin l'un des coins les plus romantiques de ces mêmes monts de la Sabine, à savoir Subiaco. Là, le mur de la chaîne apennine sépare les anciens États de l'Église de l'ex-pays des Marses, qui aujourd'hui, sous le nom de Marsica, forme un district napolitain des Abruzzes. C'est à sa limite même, au-dessus du bourg de Filettino, que l'Anio prend sa source, pour se précipiter jusqu'à Tivoli par une longue et étroite vallée qu'enserrent des hauteurs ombragées de forêts d'oliviers et de châtaigniers. Sur toutes les cimes en bordure s'élèvent de noirs castels féodaux, tels que Filletino même, Trévi, Jenna, Anticoli, Sarracenesca, et enfin Subiaco.

IV

Cette dernière localité a été, on le sait, le berceau de l'ordre des Bénédictins. Ce fut là qu'au temps de Théodoric et des Goths (ve siècle) le jeune Benoît, de Nurcia, s'enferma, pour mieux voir le ciel, dans une grotte obscure. Le lieu s'appelait *Sublacus*, parce que Néron y possédait sur les pentes du mont Calvo un somptueuse villa, où on lui avait creusé, à l'aide d'une saignée faite à la rivière, trois lacs artificiels, à seule fin qu'il y prît des truites dans un filet d'or. L'Anio nourrit toujours ses truites, aussi bonnes qu'autrefois ; les réservoirs seuls ont disparu aussi bien que le rets césarien.

Au temps de saint Benoît, la ville de Subiaco n'existait pas encore; mais, sur les ruines de la résidence néronienne, se dressait déjà un

1. Le melon, introduit d'Italie en France à la suite de l'expédition de Charles VIII, a pris chez nous le nom de Cantaloup, parce qu'il fut d'abord cultivé à Cantalupo.

VILLA D'ESTE.

cloître, consacré, je crois, à saint Clément, et c'était un des moines de ce cloître qui apportait à manger au jeune ascète dans sa caverne.

SUBIACO.

Enfin, à l'appel de sa sœur Scolastique, l'ermite sortit de son rocher, et bientôt son renom de sainteté se répandit au loin. De cet âge de foi, Subiaco conserve deux monastères : l'un porte le nom de Santa

Scolastica ; l'autre, dédié à saint Benoît, s'appelle la Sainte-Grotte, *Sacro Speco*. Tous deux sont situés en dehors de la ville, sur une âpre et solitaire crête au-dessus de la vallée. Le premier, le plus ancien, forme un amas pittoresque et bizarre de constructions de diverses époques, avec une tour quadrangulaire ; le second, collé à

MONTAGNARD DE LA SABINE.

la paroi du rocher juste au-dessus de la grotte historique, à laquelle un sentier ardu le relie, est aussi, bâtiments et églises, un mélange de styles disparates ; à ses pieds est un bois de chênes mystérieux.

De Subiaco, on rayonne par toutes sortes de chemins de montagnes vers un certain nombre d'oasis aimées des peintres paysagistes. Telle est, par exemple, *Civitella*, avec ses *mamelles* où se déchirent les nuées accourues des Abruzzes, et surtout Olevano, avec son hospitalière *casa Balbi*, rendez-vous traditonnel de la gent artiste depuis cent années.

Sur sa colline couverte d'oliviers, l'auberge ressemble à un joyeux

OLEVANO.

pigeonnier. Que de gens débarqués là pour deux heures s'y sont oubliés des mois entiers! Chaque creux de ravin, chaque bauge de verdure retentit de lazzis et d'éclats de rire; car les pensionnaires de la *casa* vaguent du matin au soir par tous les recoins du paysage pour croquer, à tête reposée, soit les grands blocs de roc blancs aux gerçures moussues, soit les sombres et centenaires chênaies de la Serpentara. Il faut voir aussi les Olévanèses, dont la peinture a tant de fois reproduit les formes sveltes et le port majestueux, cheminer, la cruche à deux anses sur la tête, par les poétiques sentiers d'alentour. Belles et laborieuses sont à la fois ces filles des montagnes. Le village est pauvre; l'homme est presque toujours parti dans la plaine. Qui laboure, qui plante, qui sarcle, qui arrose céans? L'Olévanèse. De chant et de danse, il n'est pas question. Toute la gaieté régionale tient dans le carton des paysagistes. Ceux-ci partis, adieu les jeux et les ris! Olevano, la Sabine entière retombent dans le silence et la solitude.

CHAPITRE XII

Le long de la voie Appienne ; ruines, tombeaux et aqueducs. — Frascati et l'ex-Tusculum. — Autour du monte Cavo ; les lacs Albano et Nemi. — La vallée du Sacco et les monts des Herniques. — Vieilles bourgades et nids idylliques. — Souvenirs des Pélasges. — Au pays des Volsques ; Norba et Ninfa. — Excursion sur les bords du Liris ; Arpino et Sora. — La région fucinèse, tableaux de genre et d'histoire.

I

Bien que le railway de Rome à Naples pousse un embranchement du côté de Frascati (l'ancien *Tusculum*), et ait une station au-dessous d'Albano, ce n'est pas par le chemin des locomotives que nous gagnerons ces deux villes haut perchées. Mieux vaut de beaucoup explorer au passage les deux voies *Latina* et *Appia*, tracées justement dans cette direction.

La voie *Appienne*, je l'ai déjà dit, sortait de Rome par la porte Capène (San Sebastiano). Sur la première partie de son parcours, elle était bordée de milliers de tombeaux, qui étaient devenus au moyen âge autant de lieux d'embuscade d'où les bandits s'élançaient sur les voyageurs. A la longue, les restes de ces monuments funéraires s'étaient confondus avec le sol de l'*agro romano ;* ils ont été exhumés par Pie IX, qui a fait relever les sépultures sur un espace de plusieurs kilomètres. Le mieux conservé de ces tombeaux est le môle de Cæcilia Metella (femme du triumvir Crassus). C'est un mausolée turriforme à créneaux situé à gauche de la chaussée ;

il a vingt mètres de diamètre sur une hauteur plus grande encore, et des murs d'une épaisseur cyclopéenne. En deçà est le frais *nymphée* auquel on a, par erreur peut-être, donné en souvenir de Numa le nom de Grotte d'Egérie. Ce qu'il y a de certain, c'est que les pâtres de la Campagne qui y viennent puiser de l'onde dans leurs cruches appellent cette fontaine l'*acqua leggeria :* d'où il se peut que, par corruption, on ait fait *acqua dell' Egeria*, à moins

MOLE DE CÆCILIA METELLA.

que ce ne soient les bergers eux-mêmes qui aient altéré l'expression à leur mode. Tout près de là aussi est le Cirque de Maxence, où de nos jours encore des courses ont lieu. De ce point, on aperçoit dans la plaine le triple sillon d'une immense coulée de lave descendue des cratères d'Albano et de Némi. Plus loin, au quatrième mille, apparaît à gauche un autre édifice qu'on présume être le tombeau de Sénèque, lequel avait ici la villa où il s'ouvrit les veines sur l'ordre de Néron. Puis viennent les tombeaux des Horaces et des Curiaces, celui de Corvinus, l'emplacement de la villa de Perse et la sépulture ronde de l'empereur Gallien. Enfin, vers le dixième mille, aux limites de l'*agro romano*, là où le chemin de fer de Naples traverse l'ex-voie Appienne, les ruines antiques deviennent plus rares.

La voie Latine, qui sortait de Rome un peu plus au nord par la porte *Asinaria*, reconnaissable encore à ses deux tours, mais murée depuis que Grégoire VII a ouvert, à côté, la porte Saint-Jean, est un chemin plus encaissé que la via Appia, sa voisine. Les tombes y sont plus espacées. La caractéristique du paysage sur cette longue avenue de pâturages entrecoupés de pavés pélasgiques, ce

CIRQUE DE ROMULUS-MAXENCE.

sont les files d'aqueducs, aux arcades majestueuses, bâtis en pierre péperine, et parfois à double et à triple étage, qui se déroulent à travers la Campagne. L'établissement de ces gigantesques lits fluviaux suspendus en l'air fut une des œuvres maîtresses des Romains. La république était à peine établie qu'on se mit à la tâche.

Le censeur Appius Claudius le premier appela l'eau de Préneste à la ville; cinquante ans plus tard, Curius Dentatus commença la construction de la conduite dite *Anio Vetus*, laquelle était souterraine sur la majeure partie de son cours. Un siècle après, l'an 144 avant Jésus-Christ, le préteur Marcius amena, par un aqueduc de près de 100 kilomètres, la fameuse eau *Marcienne* de Tibur.

Ensuite fut établie l'*aqua Tepula*, qui venait d'Albano et de Tusculum; puis, sous Auguste, trois nouvelles sources s'ajoutèrent à celles-ci : l'*aqua Julia*, l'*aqua Virgo*, la plus pure de toutes, et l'*aqua Alsietina*, la première qui fut prise sur la rive droite du Tibre; elle était, paraît-il, moins potable que les précédentes. Bref, dès le commencement de l'Empire, Rome se trouvait pourvue de quatre ou cinq cents fontaines ou abreuvoirs.

Ce n'était pas encore suffisant, vu le nombre toujours croissant des thermes publics dans la ville des Césars. Aussi voyons-nous Caligula et Claude faire construire deux autres aqueducs plus considérables que tous ceux qu'on avait jusqu'alors créés : l'*aqua Claudia* et l'*Anio novus*. Le premier venait des monts de la Sabine, dans la direction de Subiaco et avait 80 kilomètres de longueur, dont 16 kilomètres d'arches. L'*Anio novus*, qui commençait au soixante-deuxième mille de la même *via Sublacensis*, mesurait 100 kilomètres de développement, et la hauteur de ses arches allait jusqu'à trente mètres. Tous deux se réunissaient en deux canaux superposés sur les mêmes voûtes pour entrer dans Rome par la porte Labicane (aujourd'hui Maggiore), laquelle prit la forme d'un arc de triomphe accoté de trois arcades plus basses en pierre tiburtine. De là le double courant de l'Anio était amené au plateau du Cælius. A la porte Tiburtine, les eaux *Julia*, *Tepula* et *Marcia*, coulaient de même fraternellement l'une au-dessus de l'autre. Plus tard encore s'adjoignirent à ces dix aqueducs les *Aqua Antoniana*, *Alexandrina* et *Severiana*, et enfin la conduite *Trajane* (actuellement *acqua Paola*), qu'alimentait le lac *Sabatinus* (Bracciano).

La question des eaux fut primitivement du ressort des édiles et des censeurs; puis, à partir d'Auguste, qui divisa la ville en quatorze régions, il y eut des *curatores aquarum*. Le premier titulaire de l'emploi fut même son gendre Agrippa.

Sans insister plus que de raison sur ces ouvrages caractéristiques des ingénieurs hydrographes de Rome, et sur ces immenses canaux aériens dont les ruines seules nous confondent d'étonnement, il suffira de dire qu'aux XVIe et XVIIe siècles les papes Sixte-Quint et Paul V, pour doter la Ville Éternelle des trésors liquides qu'elle possède aujourd'hui, n'ont eu, en grande partie, qu'à rétablir

RUINES DES AQUEDUCS DE CLAUDE.

deux anciens conduits de dérivation. Nulles ondes d'ailleurs ne furent plus limpides et plus pures que celles que buvait le peuple romain. A partir du point de naissance de l'aqueduc, *caput aquæ*, comme on l'appelait, l'eau coulait soit souterrainement par des tunnels ou des canaux maçonnés (*cunicula*), soit à ciel ouvert dans des tubes portés sur des arches. Tous les 240 pas, les *cunicula* étaient pourvus d'une prise d'air, nommée *spiramen;* au besoin même on intercalait dans le cours des tuyaux des bassins de clarification où l'onde s'épurait au passage. Arrivée à Rome, celle-ci se rendait au réservoir ou *castellum*, d'où elle était distribuée dans la ville par des conduits de plomb ou de terre argileuse. Il y avait défense absolue de bâtir au-dessus des aqueducs ou de planter des arbres dans leur voisinage[1].

II

Prenons à présent le chemin de Frascati, à savoir la route carrossable dite *Appia nova*, qui part de la porte Saint-Jean et que traverse, au troisième mille, l'*acqua Felice* déjà mentionnée. De ce côté comme vers Tivoli, on ne quitte le désert qu'au pied même des hauteurs fourrées de vignes et de bois d'oliviers sur lesquelles juche la charmante bourgade. Mais on entre du coup dans la pure région des *templa serena* dont parle Lucrèce. Ici plus de solitude : les coteaux fertiles, les fraîches avenues, les luxueux palais de campagne forment une chaîne ininterrompue du nord au sud et de l'ouest à l'est.

Situé sur une des terrasses inférieures de ces monts Albains qui s'étendent en deçà de la chaîne sabellienne, Frascati est vraiment admirable à voir avec ses somptueuses villas (Falconieri, Mandragore, Aldobrandini, Pallavicini), ses allées de lauriers, de platanes, de chênes-verts, son fourmillement de jardins, de casinos et de

1. Frontinus, un *curator aquarum* qui vivait sous Nerva et Trajan, a écrit sur cette question des eaux un petit livre très curieux intitulé : *De aquæductibus urbis Romæ liber.*

locande. Derrière elle est l'abrupte colline de l'ex-Tusculum, avec ses ruines antiques, parmi lesquelles semblent errer encore les grandes ombres du dernier siècle de la République. Les seigneurs de céans sont à présent les Borghèse, les Torlonia. Le célèbre lac Régille, sur les rives duquel la Ligue latine essuya son irrémédiable défaite, n'existe même plus ; il n'en reste qu'un creux, le

VILLA FALCONIERI A FRASCATI.

Pantano secco, où foisonnent les vipères. Quant à la villa de Cicéron, illustrée par les *Tusculanes*, on ignore où elle se trouvait au juste ; on sait seulement qu'elle était bâtie immédiatement au-dessus de Tusculum, sur le flanc est du mont.

De Frascati, nous pouvons gagner ce fameux mont Albain, que les Italiens d'aujourd'hui appellent le monte Cavo. Il couvre de sa masse côtelée une superficie plus grande que celle du Vésuve, car il mesure 16 kilomètres de diamètre sur 48 de pourtour. Il est cependant moins âpre et moins haut. C'était sur son sommet, à près de 1000 mètres au-dessus du niveau de la mer, que Jupiter Latialis, le grand dieu des peuples de l'antique Latium, avait son Olympe. A ses pieds dorment dans leurs vasques cratériformes les beaux lacs Albano et Nemi.

A la base septentrionale du mont, on aperçoit d'abord, en venant de Frascati, en deçà d'un ravin couvert d'oliviers, Grotta Ferrata et son abbaye d'aspect féodal, aux murailles ceintes de larges fossés. Lucullus y avait une de ses villas. On arrive ensuite à Marino, d'où l'on atteint, par une belle route tracée en haut du lac d'Albano, la localité la plus pittoresque de tout le pays, l'ex-bourg pontifical de Castel Gandolfo. C'est de là qu'on jouit le mieux de la perspective du susdit lac, lequel mesure trois kilomètres et demi de longueur sur deux et demi de largeur et une profondeur de 156 mètres. Les berges montent selon un angle de plus de 45 degrés jusqu'à 540 mètres au-dessous du monte Cavo, et son pourtour, d'une étrange régularité, est façonné, par places, en forme de gradins. Ses rebords inférieurs sont littéralement noyés de verdure.

De Castel Gandolfo, deux routes également ravissantes conduisent à la petite ville d'Albano. L'une est une sombre avenue de chênes-verts à la jeunesse quasi éternelle; l'autre, plus poétique, n'est pas moins ombreuse : on l'appelle la *Galleria*. Elle descend en corniche au travers d'une immense futaie alpestre de troncs géants qui se sont déformés et tordus dans les attitudes les plus fantastiques, et dont plusieurs ont été pieusement soutenus et encaissés par la main des hommes.

Vis-à-vis d'Albano, sur la rive opposée du lac, est le village de Palazuolo, qui passe pour occuper la place d'Albe-la-Longue, la cité du jeune Ascagne, la grande capitale de cette Confédération latine que les Romains durent détruire d'abord avant de pouvoir s'élancer à la conquête du monde. Plus haut, à Rocca di Papa, on est en plein dans cet ardent laboratoire des monts Albains dont les ruisselantes coulées de lave ont formé tout le sol d'alentour. Encore des forêts, des dômes opaques de châtaigniers et de tilleuls où s'entremêlent le lierre, la viorne-tin et autres caprifoliacées. Sombre de loin, sombre de près, est la petite bourgade. Seule la grande route pavée qui traverse ce nid de Campagnols a en soi quelque chose d'aimable. Rocca possède comme Frascati sa terrasse où chante une fontaine jaillissante et où jasent, à l'unisson, les fillettes, pendant que l'eau coule dans la conque de cuivre qu'on remettra tout à l'heure à l'épaule.

On va ainsi jusqu'au sommet du monte Cavo, en passant par une

ARRICIE ET SON VIADUC.

croupe volcanique où l'on a cru, à tort ou à raison, retrouver l'emplacement d'un ancien camp d'Annibal.

D'Albano au lac Nemi, qui est un peu plus petit que son voisin, on traverse la vallée, large de deux kilomètres, sur le magnifique viaduc d'Arricie, à trois rangs d'arcades superposés, d'une hauteur

ROUTE DE CASTEL-GANDOLFO.

maximum de 60 mètres. Le village du même nom, qui appartient au prince Chigi, présente des restes de murailles antiques. La villa du prince s'aperçoit à l'extrémité du pont; elle offre de loin l'as-

GENZANO.

pect d'une citadelle. Les arbres du parc embrassent non seulement la vallée, mais encore une portion du revers de la montagne. Il y a des siècles que cette gigantesque végétation, qui étonna si fort Gœthe lors de son voyage en Italie, croît uniquement à sa fantaisie, verdit, sèche et pourrit, sans que nul ne s'en mêle.

D'Arricia à Genzano, de nouveaux viaducs. Ici, on touche au lac Nemi, dont le cratère, moins large, mais plus escarpé encore que celui du lac d'Albano, figure une véritable coupe au fond d'une vasque de montagnes. Les Anciens l'appelaient le *Lacus Nemorensis*. Il avait reçu également le surnom de Miroir de Diane, *Speculum Dianæ*, à cause d'un temple de la Diane Taurique dont on croit avoir retrouvé des vestiges sur ses bords.

Les grandes forêts n'existent plus ; mais la terre ne s'est point pour cela dénudée. Une menue végétation d'une densité inimaginable revêt les gradins étagés du mélancolique bassin où l'on descend, du côté de l'ouest, par les allées rapides et sinueuses du beau parc Cesarini. Sur les pentes rocheuses pullulent les hautes hampes du genêt, la fleur pensive que Léopardi a chantée dans ses vers. En face, sur l'autre rive, est le petit bourg aérien de Nemi. Au-dessus de lui se dresse la cime revêche du monte Cavo. De superbes pâturages, où errent des troupeaux de chèvres et de moutons, plongent de toutes parts dans la profonde cavité lacustre, sous les eaux mystérieuses de laquelle dorment, dit-on, les débris d'une ancienne villa de César. Enfin, sur une autre éminence au sud, on aperçoit Civita Lavinia, l'ex-*Lanuvium*, avec sa tour crénelée qui commande le lac.

III

La vallée du Sacco (ancien *Trerus*), que parcourait jadis la *via Latina*, sépare, je l'ai dit, de la chaîne des Sabins les montagnes des Volsques ou monts Lepini, qui font suite à l'intumescence albaine. A l'entrée même de cette vallée, là où le chemin ferré de Naples infléchit par un viaduc vers le nord, se trouve la petite ville de Velletri, la patrie d'Auguste. Un peu plus loin est Valmontone, beaucoup moins peuplé, mais plus vivant, car tout le transit venant des frontières napolitaines passe par cette bourgade, où

LE LAC NEMI.

affluent les chariots de Campagnols avec leurs attelages de bœufs blancs.

Mais la perle de cette région, c'est l'ancienne ville de Préneste, les « délices de l'été », comme l'appelait Florus. Son nom aujourd'hui est Palestrina. Plus vieille qu'Albe-la-Longue elle-même, cette cité, grecque d'origine, eut une existence des plus agitées. Soumise par Rome, conquise par Pyrrhus, elle se vit ensuite, pour avoir

VELLETRI.

embrassé le parti de Marius, rasée par Sylla, qui livra les terres de ses habitants à une colonie de vétérans. Plus tard, Auguste et Tibère y eurent des villas; Horace lui-même y vécut quelque temps.

La ville actuelle ne date guère que du milieu du XVe siècle. Bâtie sur une terrasse en travers d'une montagne calcaire, elle possède un certain nombre de maisons qui ont, en vérité, fort bon air. Sur les ruines d'un temple de la Fortune s'élève un palais de la Renaissance, appartenant aux Barberini, d'où l'on commande la plus grande partie du Latium, des monts des Volsques au Soracte.

Si vous suivez, au-dessous de Préneste, un chemin tracé dans une gorge ombragée de châtaigniers, le long d'un ruisseau encaissé de hautes roches, vous atteignez, au bout de quelques kilomètres, un pont énorme et pittoresque jeté sur une des sources du Sacco. Là, au front d'une colline environnée de belles croupes vineuses, vous

VALMONTONE.

apparaît sur des assises de tuf noir un village étrangement sombre d'aspect : c'est Cave, dont les habitants parlent un dialecte archaïque qui se rapproche de l'idiome calabrais.

De Cave à Genazzano, autre nid d'une majesté presque épique, il il y a une lieue encore environ. On continue de suivre le plateau d'où l'œil domine si magnifiquement la vallée du Sacco; puis la route plonge tout à coup dans une sorte de cirque qui est une merveille de végétation : les massifs d'oliviers grisâtres s'y mêlent aux bosquets ombreux de châtaigniers, les champs de maïs aux jardins potagers et aux plants de vigne grimpant à l'ormeau. C'est là, sur la croupe d'une roche, que se dresse le bourg des Colonna, dont les maisons ont l'air de grimper en file processionnelle vers l'église Sainte-Marie du Bon-Conseil, le grand sanctuaire de toute la région.

GENAZZANO.

Une porte à créneaux donne accès dans la petite ville. A peine l'a-t-on franchie qu'on aperçoit au mur d'une maison une peinture à fresque assez grossière représentant la Madone vénérée avec sa cour de pèlerins suppliants. Place et rues, tout respire la solitude et le silence. Çà et là une fenêtre à rosaces reporte la pensée au temps de l'art moresque.

Aux environs est le vieux cloître abandonné de San Pietro; tout autour règne une chaîne de montagnes grandioses dominée par la pyramide du Serrone; plus en arrière, pointent au loin quelques

CAMPAGNOLS PRÉPARANT LA POLENTA.

sommités abruzzaises; et, de quelque côté qu'on se tourne, des foisonnements de vignes magnifiques. Dans les vallées, sur les pentes des monts, leurs files s'allongent à perte de vue, comme elles le faisaient au temps de Virgile. Que dis-je? c'est ici le triple triomphe de Bacchus, de Cérès et de Pomone, la champêtre trinité du vieil âge. Voyez plutôt : entre les rangs de ceps enguirlandés à l'ormeau et à l'orne, se dressent des hampes fauves de céréales, et au milieu de tout cela croissent à l'envi les arbres à fruits les plus délicats, l'olivier, l'amandier, le pêcher, et aussi le grenadier et le figuier, de sorte que le cycle annuel des productions ne se clôt jamais, et qu'à la maturité automnale s'enchaîne la floraison printanière.

Le croirait-on pourtant? L'habitant de cet eldorado est pauvre entre tous les Campagnols. Ce n'est pas lui qui mange ses fruits ni qui boit le jus savoureux de ses raisins : on peut même dire qu'il mourrait de faim, s'il n'avait cette farine de maïs qui sous le nom de *polenta* forme le fond de son alimentation. C'est que tout le rendement de cette terre fertile s'en va aux richissimes Colonna; l'antique malédiction des *latifundia* continue de peser sur le montagnard.

Après le légendaire brouet des Spartiates, il n'est guère de mets moins appétissant que cette fameuse *polenta* italienne. Elle se prépare, on le sait, sous deux espèces : en bouillie ou bien en gâteau (*pizza*). Parfois à ce menu filandreux on ajoute une salade ou une soupe aux herbes. Avec quelle sollicitude le paysan suit la croissance de ses jaunes panicules! A la fin de juillet, ils commencent à se gonfler sur leurs tiges; la pluie alors devient nécessaire pour en activer la maturation. Mais voici que la sécheresse se prolonge, et l'angoisse étreint l'âme du Campagnol! C'est ici qu'il faut relire les *Géorgiques*. En ces jours de deuil et de calamité, toute la population des montagnes, demeurée païenne dans ses rites, se forme en procession comme jadis, — *votisque vocabitis imbrem*, — et s'en va implorer Marie, comme les Romains s'adressaient à Cérès. Si la Madone fait la sourde oreille, on a recours à quelque saint en renom; tout le calendrier y passe au besoin. Ajoutons, pour clore cette notice, que la fête de la Dame de Genazzano tombe le huitième jour de septembre. Ai-je besoin de dire qu'à cette date solennelle les pèlerins affluent des quatre horizons au sanctuaire de la bourgade haut perchée pour y adorer la Vierge secourable et bonne conseillère que la légende affirme être venue toute seule, par les airs, de Scutari aux monts du Latium ?

IV

A quelques kilomètres à l'est de Genazzano, près d'un pont de pierre qui franchit le Sacco, on entre dans la région de Frosinone. Les collines ici s'abaissent vers le fleuve, et le touriste voit se développer sous ses yeux la plus belle portion de la plaine fluviale encadrée, à l'ouest, par les monts des Volsques et, à l'est, par ceux des Herniques. La campagne est toujours silencieuse; çà et là seulement on aperçoit une métairie solitaire, ou un moulin au bord d'un torrent; puis, dans le fourré au revers d'un rocher, vos oreilles perçoivent les sons mélancoliques de la cornemuse : c'est quelque *pecoráio* dont les bêtes paissent céans. A la fin de septembre toutefois, une vie inusitée emplit le site; des troupeaux de trois ou quatre mille têtes descendent des hauteurs de la Serra aux plaines voisines de la mer Thyrénienne, et les bêlements du cortége idyllique assourdissent au loin les échos des monts.

La vieille métropole du pays des Herniques, c'est la ville d'Anagni, située à une lieue et demie du chemin de fer. On y pénètre par une porte monumentale où se voient les armes de la cité, un aigle enfonçant ses serres dans le dos d'un lion. Les rues sont moins sombres d'aspect que celles des autres villes campagnoles. De la grande place carrée qui commande au loin la vallée du Sacco, je me souviens d'avoir joui d'une perspective admirable sur les monts volsques sis à l'opposite et sur les bourgades accrochées à leurs pentes. Anagni, du reste, n'a dû le peu d'importance qu'elle a eue qu'au séjour qu'y firent autrefois plusieurs papes; c'est là que Boniface VIII entre autres, un enfant du pays, fut traité de la façon que l'on sait par les envoyés de Philippe le Bel, il y aura bientôt six cents ans.

Si l'on quitte les hauteurs d'Anagni, on atteint, à huit milles plus au sud, la petite ville de Ferentino (ex-*Ferentinum*). La voie latine y était jadis des plus animées, car c'était par ce bourg que passaient pour se rendre à Rome tous les pourvoyeurs venant des districts napolitains limitrophes; c'était par là aussi que les compatriotes de

Cicéron et de Marius, autrement dit les Arpinates, apportaient leurs provisions de volailles aux divers marchés de la grande ville. Ferentino n'est du reste qu'un écheveau emmêlé de rues étroites interrompues par des *campielli*, un vieux castel brochant sur le

PETITE CONTADINE FILANT.

tout. L'unique intérêt qu'elle offre au promeneur, ce sont ses restes de remparts cyclopéens, et spécialement sa porte dite *Sanguinaria*, formée d'énormes cubes de pierre dont la vue confond l'imagination.

Un peu plus à l'est, dans ces mêmes montagnes des Herniques, apparaît le bourg haut juché d'Alatri, avec ses murs et ses tours en ruines. C'est là, plus encore qu'à Ferentino, que le touriste amoureux des antiquités doit venir admirer dans leurs débris les immenses constructions de ces Pélasges qui, antérieurement aux

MURS PÉLASGIQUES.

Hellènes, colonisèrent les côtes de la vieille Italie, et fondèrent, entre autres, les villes de Ceræ, de Tarquinies, de Ravenne et d'Antium. Cette race étrange et infortunée par qui furent apportées, dans l'Attique comme en Italie, la pierre du foyer domestique (*Vesta*) et celle des *limites*, ce double fondement de la propriété sur lequel devait s'élever par la suite l'édifice du droit civil romain, adorait, paraît-il, des dieux souterrains, gardiens des trésors enfouis dans le sol. Agriculteurs et mineurs à la fois, ils fouillaient les entrailles de la terre pour en extraire le blé et le métal précieux. Aussi les barbares qui leur succédèrent et les évincèrent, faute de comprendre leur génie industrieux, les accusèrent-ils de pratiques magiques.

De ces puissants bâtisseurs, il reste à Alatri notamment toute une circonvallation de murailles formées d'énormes blocs polygonaux si solidement ajustés sans ciment, que, depuis trois mille ans et plus, ils résistent à l'action destructive du temps. L'arcade par laquelle on entre dans la ville rappelle les portes légendaires de Tyrinthe et de Mycènes. Alatri, de nos jours, est une ville de commerce : on y fabrique des cotonnades, des tapis et des draps; c'est le centre de négoce où s'approvisionnent tous les paysans des montagnes voisines; c'est là que les gens du *Latium ferox* viennent acheter les longs gilets rouges, les chapeaux pointus, les sandales de peau d'âne, qui constituent leur accoutrement. Aussi, les jours de marché, les rues et les places de la petite ville regorgent-elles de bruit et de mouvement.

Aux environs se trouve la belle grotte de Collepardo, où l'on se rend par un sentier de montagne. Elle est située à l'extrémité d'une gorge sauvage où mugit le torrent de la Cosa, tributaire du Sacco. C'est une immense caverne partagée en deux salles, et toute revêtue de stalactites aux effets étranges : temples égyptiens, colonnes, sphinx, dieux grimaçants, la bizarre concrétion y a produit les figurations les plus fantastiques. Tous ces monts calcaires sont d'ailleurs troués d'excavations de diverses espèces où, au temps jadis, vivaient des ermites.

V

Avant d'obliquer au sud-est par les bords du Liris pour gagner la région fucinèse qui forme, du côté des Abruzzes, le district extrême de la grande Campagne, poussons une pointe vers ces montagnes volsques que nous n'avons encore vues que de loin.

Si, de Valmontone, nous passons le Sacco pour aller à Segni, l'antique *Signia*, nous escaladons tout de suite les premières assises de la susdite chaîne, appelée aujourd'hui les monts Lepini. Laissant à droite Monte Fortino, et, à gauche, Gavignano, nous atteignons par une route en zigzag au travers de ravins le plateau calcaire où perche la petite ville. Celle-ci est triste et morne au possible; pas de cathédrale, pas même de castel. Ces cités volsques ont, en général, un caractère tout à fait à part, et ne ressemblent nullement aux cités latines. Ce sont proprement des bourgades alpestres, sans l'ombre d'industrie ni de commerce. La plupart d'entre elles possèdent à peine un lopin de terre arable; en revanche elles sont riches en vin, en huile, et en arbres fruitiers tels que le cerisier et l'abricotier. Ajoutons à cela des forêts de châtaigniers, et surtout de superbes chênaies qui fournissent glandée à souhait pour l'élève des beaux porcs noirs du pays [1]. Sauf la classe cultivée, qui s'habille aujourd'hui à la mode française, le peuple a conservé son costume; les femmes se coiffent du fichu, non pas rouge comme dans le Latium, mais bleu foncé comme en Sicile.

Derrière Segni s'étend une forêt de pins quasi vierge, par les éclaircies de laquelle on aperçoit la mer et ses côtes. C'est de l'autre côté de cette futaie, large d'une demi-journée de marche, que se trouvent les deux spectres de villes volsques que l'on appelle Norba et Ninfa.

De Norba, aujourd'hui Norma, bâtie, dit-on, par Hercule, il reste des débris de citadelle et de murailles. La citadelle était

1. Les jambons volsques sont renommés. Ils l'étaient aussi, au temps des Romains, quoique ceux de la Gaule, à ce que dit Varron, leur fissent une sérieuse concurrence.

posée sur un roc à pic au-dessus des Marais-Pontins. Une porte, une antique citerne, quelques pièces souterraines en témoignent encore; mais il n'y a point de vestiges de tombeaux. Les gens du pays appellent la vieille cité *Civita la Penna* (la cité Cime). De quelle époque en date la destruction? On prétend qu'assiégés par Sylla, parce qu'ils étaient du parti de Marius, ses habitants firent comme ceux de Numance, qu'ils se brûlèrent avec leurs maisons. Ce qu'il y a de sûr, c'est que du temps de Pline Norba n'était déjà plus qu'un désert.

Sa sœur Ninfa gît à ses pieds, à la lisière du grand marécage. Aussi sombre-t-elle en partie dans le *palus* même. Le reste est quasi mangé par un festonnement inimaginable de lierre et de fleurs. Chaque mur, chaque fragment de débris est étreint par une flore indisciplinée de plantes grimpantes qui montent chaque jour plus victorieusement à l'assaut de ce cadavre de pierre. Nul autre bruit, au milieu de ces ruines, que le croassement du corbeau, le murmure du torrent Nymphaüs, ou le frémissement des hampes de roseau. Tout autour ondule comme un océan de narcisses, de lis blancs, de fougères, auxquels se mêlent le violier, la clématite et surtout la menthe, l'herbe par excellence de la *Campagna*, qui, d'un bout à l'autre, en est embaumée. Beau champ de promenade pour le scarabée, qui bourdonne de tous côtés dans les ruines, collant ses pattes aux restants de fresques dont sont encore ornés quelques murs, tandis que son frère le grillon module sa romance anacréontique dans les fissures des antiques mosaïques.

Enfin, à quelques kilomètres de Ninfa, voici Cora, une troisième ville volsque, qui relève également du mythe pélasgique. Celle-là n'est pas tout à fait défunte; une grosse bourgade en occupe l'emplacement. Vous dirai-je que, selon la légende, cette cité, plus vieille que Rome de sept siècles [1], aurait été bâtie, en l'an 1500 avant Jésus-Christ, par le troyen Dardanus, petit-fils d'Atlas ? C'est un tas de maisons au sommet d'une montagne, avec un reste de temple d'Hercule et des débris de murs cyclopéens.

1. Virgile la mentionne au sixième livre de l'*Énéide* sous le nom de *Coras*.

VI

Le Liris (Garigliano), dont le Sacco n'est qu'un affluent, sépare le Latium de la Campanie. La petite ville de Ceprano, sise un peu en aval de l'endroit où se fait la jonction des deux fleuves, formait naguère la frontière sud des États de l'Église. Si, de là, infléchissant au nord-est, nous remontons le cours du Liris, nous atteignons d'abord la bourgade d'Arce, jadis *Arcanum*, près de laquelle le frère de Cicéron avait une villa. Un peu plus loin est Arpino, ville industrieuse de 17000 âmes, sise au milieu d'un splendide paysage, sur une double colline. Sa cathédrale de Saint-Michel a remplacé un temple des Muses. Comme toutes les cités latines et volsques, elle se divise en deux parties : la vieille ville ou ville haute, et la nouvelle ou ville basse. Elle possède, elle aussi, des restes de murs cyclopéens tout treillissés de plantes grimpantes, et une porte, la *porta dell'Arco*, non moins curieuse que celle de Segni.

Une vieille tradition dit qu'au commencement des temps Janus régna en Italie, puis que Saturne, fuyant son fils Jupiter, s'enfuit de Grèce pour s'aller cacher dans la ville italienne de Saturnia, et que c'est en mémoire de cet évènement que le pays prit le nom de *Latium* (*latere*). Or les Arpinates prétendent justement que leur ville fut fondée par Saturne, et que celui-ci y est même enterré ; sur quoi ils montrent à l'étranger, à la *porta dell'Arco* susnommée, un antique et colossal tombeau comme étant celui de leur glorieux auteur.

Plus en amont, à l'endroit où le Liris décrit, entre de hauts peupliers, sa grande courbe au nord, nous trouvons la charmante ville de Sora. Ici, la vallée se rétrécit, elle devient de plus en plus idyllique, et le voyageur dans ce beau district ne peut que répéter ces mots de Juvénal : « Si tu as le courage de t'arracher aux jeux du cirque, tu achètes une riante maison à Sora, pour le prix que te coûte à Rome le loyer annuel d'un trou ténébreux. Là, tu as un petit jardin, avec un puits qui te fournit l'eau pour tes légumes nais-

ARPINO.

sants. Vis ami du hoyau; c'est quelque chose, en n'importe quel lieu que ce soit, d'être propriétaire, ne fût-ce que d'un lézard. »

Tour à tour samnite, latine, romaine, lombarde, byzantine, Sora s'était vue bien des fois attaquée et pillée, quand, au xve siècle, le capitaine Napoléon Orsini la conquit derechef à la pointe de l'épée pour le compte de Pie II. Depuis lors elle resta ville papale. C'est non loin d'elle, sur une île boisée, au confluent de la rivière Fibreno et du Liris (*Isola*), que Cicéron avait sa maison natale. On sait avec quelle complaisance il a décrit les charmes de ce séjour; chose étrange cependant! il n'a point parlé des magnifiques chutes, dignes rivales des cascades de Tibur, que forme là le Garigliano.

VII

Ce Garigliano, dont nous venons d'explorer tout le cours moyen, prend sa source à l'ouest du Fucin, à 1100 mètres d'altitude environ, au milieu de l'ex-pays des Marses. Dans cette région frontière des Abruzzes, la nature s'est transformée au gré de l'homme. D'après les géographes, il fut un temps où le lac Fucin, situé à près de 700 mètres au-dessus du niveau de la mer, épanchait son trop-plein, par-dessus le seuil des Campi Palentini, dans la petite rivière Salto qui afflue au Tibre par la Néra. Plus tard, l'apport des pluies ayant sans doute diminué, la « grande mer », de quatre lieues de long sur trois de large, perdit toute issue en s'isolant, de sorte que, suivant l'humidité ou la sécheresse des saisons, elle devint sujette à des crues ou à des retraits qui étaient également fatals au pays environnant. En grossissant, les eaux refluaient sur les cultures, y portant la dévastation et la ruine. On cite même deux villes, Marruvium et Piniva, qui furent complètement détruites par elles. Par contre, en s'abaissant, la nappe lacustre laissait à découvert des marécages qui étaient autant de foyers de pestilence.

Les Marses, riverains de la cavité, avaient de bonne heure réclamé des Romains l'autorisation d'assécher ce réservoir dépourvu d'écoulement. César y avait songé. Ce fut Claude, le créateur du nouveau port d'Ostie et du grand aqueduc de *Sublaqueum* (Subiaco), qui mit en train l'opération. La besogne employa trente mille esclaves pendant onze années. On creusa au travers du mont qui sépare le lac Fucin de la vallée du Liris un canal souterrain de près d'une lieue et demie de long. Le favori Narcisse était, au grand détriment des finances publiques, l'entrepreneur en chef des travaux. Pour aller plus vite, disent les historiens, on avait

LE LAC FUCIN APRÈS L'ACHÈVEMENT DES TRAVAUX DE CLAUDE.

foré de toutes parts dans le rocher des puits, des escaliers, des approches perpendiculaires.

Le tunnel, qui avait 2m,92 de haut sur 6m,17 de large, déboucha effectivement à 19 mètres environ au-dessus du Liris. Pour célébrer l'inauguration de ce gigantesque émissaire, le César imagina une fête à la mode du temps. Un combat naval dut être livré sur le lac Fucin, avant que les eaux s'en retirassent. De Rome et de toute l'Italie, des masses de curieux, *multitudo innumera*, étaient accourus. Une flotte rhodienne et une flotte sicilienne, chacune de cinquante trirèmes et quatrirèmes, avaient été construites tout

CHUTES DU LIRIS A ISOLA.

exprès; dix-neuf mille condamnés la montaient. Claude, en habit de guerre, la noble Agrippine, en chlamyde d'or, présidaient à l'égorgement.

Comme les gladiateurs défilaient devant la tribune impériale en prononçant les paroles consacrées : *Ave, Cæsar, morituri...*, l'empereur, qui sans doute ne se tenait plus de ravissement, leur répondit, avec un signe de tête : *Avete vos!* Aussitôt la troupe entière jeta ses armes, en déclarant que Claude leur faisait grâce de la vie. Ni cris ni menaces n'y purent rien; ces gens refusaient de mourir.

En vain, le César en personne se précipite de son estrade, court de groupe en groupe, en traînant la jambe selon sa coutume, pour supplier les gladiateurs de ne pas faire manquer la cérémonie; en vain, sur le vaste amphithéâtre des collines, le peuple hurle et trépigne : les condamnés s'obstinent à méconnaître leur devoir. Heureusement, l'avisé Narcisse avait pris ses précautions. Sur un promontoire du lac étaient établis des balistes et des catapultes, autrement dit l'artillerie de l'époque. De plus, la garde prétorienne, sauvegarde obligée de l'honneur impérial, cernait de toutes parts le rivage. Ne pouvant se sauver, les gladiateurs se battirent, très bravement même, *fortium virorum animo*, nous assure Tacite.

Le spectacle fini, on démolit les bâtardeaux et l'évacuation des eaux commença. Mais, soit que les niveaux eussent été mal calculés, soit qu'il se fût produit un éboulement dans l'intérieur de la galerie, l'écoulement ne se fit qu'à moitié. Une nappe considérable resta au fond de la coupe lacustre. Il fallut reprendre les travaux, creuser au milieu du souterrain de décharge une rigole supplémentaire d'un demi-pied de profondeur; après quoi on donna au peuple souverain une nouvelle fête : ce fut cette fois un combat pédestre sur des pontons. Mais les entrepreneurs n'avaient pas encore tout prévu. La masse d'eau, en se précipitant violemment par l'immense exutoire, entraîna tout sur son passage et causa une panique effroyable. Le pont de bateaux sur lequel était Claude fut détruit du choc. L'histoire ajoute qu'Agrippine profita de l'émotion grande du César pour accuser Narcisse d'avoir tout gâté en faisant de trop gros bénéfices sur la main-d'œuvre. Le vol était de notoriété. Aussi l'insolent favori, loin de nier, rendit-il violences pour violences à l'épouse de l'empereur.

Le déversoir du lac ne tarda pas néanmoins à s'obstruer complètement. Plus d'une fois, dans le cours des derniers siècles, on tenta de le déblayer ; ce fut toujours sans succès. Enfin, il y a une cinquantaine d'années, on reprit l'œuvre d'une manière plus sérieuse. Par les soins d'une compagnie napolitaine, à la tête de laquelle était le prince banquier Torlonia, un nouvel émissaire a été creusé, et cette fois, grâce aux ressources de la science moderne, l'évacuation de la nappe liquide s'est parfaitement opérée.

Le lac aujourd'hui n'est plus qu'un souvenir. Où se balancèrent les barques des Célanans, prospèrent à présent des cultures et des jardinets. De la même main qui jeta le rets de pêche, le fils bronzé des Marses sème le grain qui lève en moisson, et quant au peuple infortuné des poissons, si brutalement exproprié de son domaine héréditaire, il a engraissé de son fiel et de ses écailles les nouveaux champs conquis sur les eaux. Des routes innombrables sillonnent de leur lacis civilisateur les revers du vaste entonnoir ; par places on voit déjà poindre un morceau de forêt, et les habitations des humains plongent, sans peur de la lie, jusqu'au fond de la coupe vidée.

Au haut d'un rocher qui commande le lac, se dressait encore du temps de Strabon la ville d'Albe (*Alba fucese*) ; c'était, nous dit-il, une prison d'État. Sa forte assiette lui méritait bien cet honneur. De cette vieille cité des montagnes calcaires, qu'il ne faut pas confondre avec son homonyme Albe la Longue des districts volcaniques plus à l'ouest, il reste encore sur deux collines des vestiges assez importants en voies pavées et en débris de murs cyclopéens.

Il ne suffit pas toutefois d'être allé à Celano pour avoir une idée exacte de la région fucinèse qui confine aux sources des rivières Salto et Liris. Il faut pousser quelques excursions aux alentours du lac desséché. Et d'abord, une belle route en avenue nous conduit de Celano à la petite ville d'Avezzano, qui fut jadis le centre de la résistance des peuplades sabelliennes contre Rome naissante. Èques, Pélignes, Vestins, Frentans, s'y réunissaient, dans les occurrences extraordinaires, comme en une sorte de quartier

CELANO (ET L'EX-LAC FUCIN).

général. Leurs grandes divinités étaient *Mamers* (*Mavors*, *Mars*), le dieu de la guerre et de la mort, qu'ils adoraient sous la forme d'une lance, et le dieu-déesse de la terre, *Saturnus-Ops*.

Pasteurs, et pour la plupart brigands, — c'est Virgile qui l'affirme dans son *Énéide*, — ils erraient une partie de l'année des forêts aux plaines et des vallées aux montagnes. Pour mieux mettre leurs femmes et leurs enfants à l'abri d'un coup de main, ils avaient établi exclusivement leurs bourgades sur les crêtes les plus abruptes des Apennins. Ce genre d'existence les divisait nécessairement en un grand nombre de petites sociétés de génie divers et très souvent en hostilité les unes contre les autres. La crainte de Rome seule put les réunir momentanément en une Confédération, sous le commandement d'un *Embratur* ou *Imperator*.

Avezzano est à présent une localité assez industrieuse, dont les habitants ont su transformer leur désert de sable en de beaux jardins verdoyants. A l'entrée de la ville se dresse, comme le spectre de la féodalité, le château baronial des Orsini. Ici, comme à Arpino, la race présente au physique un type remarquable. Au moral, il y a une réserve à faire, car ces montagnards, aujourd'hui encore, passent pour jouer volontiers du couteau.

Si nous remontons, de là, quelque peu au nord, les souvenirs changent de caractère. La petite ville de Tagliacozzo nous rappelle un des plus pathétiques épisodes de l'histoire du moyen âge : la lutte du jeune Conradin et du terrible Charles d'Anjou.

Tous deux prétendaient au trône des Deux-Siciles ; mais le frère de Saint-Louis avait déjà pour lui l'investiture pontificale et sa victoire sur Mainfroi, le fameux « sultan de Lucera ». Toute l'Europe eut un moment les yeux tournés vers l'Italie. Lequel, du Souabe de seize ans à la tête blonde, à l'âme pleine d'illusions et d'inexpérience, ou du fier chevalier de la Maison de France avait la meilleure cause? « Entre l'aigle et la fleur, disaient les troubadours, le droit est si égal, que Pandectes et Décrétales n'y peuvent rien. Tout sera décidé par épées et lances qui briseront têtes et bras. »

Comme Charles d'Anjou, Conradin s'était vu acclamé partout sur son passage en Italie ; comme lui, il avait eu une solennelle entrée dans Rome : il y avait passé sous des arcs de triomphe ; il était monté au Capitole, escorté d'un peuple enthousiaste. Mais la fortune des combats se prononça pour le Guelfe contre le Gibelin, pour la cause du Sacerdoce contre celle des Empereurs.

Ce fut ici, dans ce doux paysage fucinèse où courent entre des rideaux de peupliers les rivières Imele et Salto, que succomba le 26 août 1268, sous le choc des troupes provençales, et aussi sous le stratagème du connétable de Champagne Érard de Valery, la fine fleur de la chevalerie allemande et italienne. Le bâtard des Hohenstauffen s'enfuit, accompagné de quelques fidèles, à travers les monts de la Sabine, jusqu'à Rome, puis jusqu'à l'endroit de la côte latine où s'élève encore cette tour solitaire d'Astura devant laquelle nous passerons tout à l'heure. A quelque temps de là, la hache du bourreau mettait fin à son rêve de guerre et de royauté.

CHAPITRE XIII

Le cours du Tibre, de Rome à la mer. — Grandeur et décadence du port d'Ostie. — Les atterrissements de l'estuaire. — Exhumations. — Navigabilité du fleuve au temps des Romains. — A travers la *Maritima*. — Les plages laurentines. — Caractère des Marais Pontins. — Le site et la flore. — Travaux d'assèchement. — Vents et climat. — Au promontoire de Circé. — Vision campanienne.

I

Après avoir suivi le cours du Tibre des Alpes de la Lune au mont Aventin, nous avons, si le lecteur s'en souvient, laissé le fleuve à sa sortie de Rome; il nous faut maintenant le cotoyer en aval jusqu'à l'ancien havre d'Ancus Martius, puis explorer la région côtière que l'on nomme la *Maritima*.

Deux routes de terre au choix, sans compter un chemin de fer nouvellement établi et des bateaux à vapeur partant de Ripa Grande, nous conduisent dans cette direction. L'une, la *via Ostiense*, sort par la porte Saint-Paul, et longe la rive gauche du Tibre, pour gagner le moderne village d'Ostie, bâti sur l'ancien bras du cours d'eau. Monotone et sans caractère, elle traverse d'abord des maquis, puis, par une longue digue, les marais qu'on appelle Stagno di Levante. L'autre, la *via Portese*, suit au contraire la rive droite pour aboutir à Fiumicino, c'est-à-dire à l'extrémité du canal. Aux deux tiers environ de son parcours, elle est coupée par le railway de Civita, qui oblique vers la Selva Mesia, à l'est d'une seconde nappe de marécages qui porte le nom de Stagno di Ponente.

Quelle étrange destinée que celle de ce vieux port d'Ostie qui, aux beaux jours de la République, comptait, dit-on, près de 100 000 habitants. Là abordaient les navires arrivant de Sicile, d'Afrique et d'Asie; une flotte y stationnait à demeure. Scipion l'Africain s'y embarqua pour son expédition d'Espagne, et le lieu finit par avoir une telle importance qu'il devint le siège d'un des quatre questeurs italiens, d'où le nom de *Provincia quæstoria* donné à ce district tibérin. Par malheur, l'estuaire si propice au commerce ne tarda pas à s'obstruer; déjà au temps de Strabon le port d'Ostie n'était plus praticable. Claude voulut le refaire, et, avec le dessèchement du Fucin, dont j'ai narré les péripéties, ce fut le plus grand travail de son règne. De vastes bassins furent creusés au bord d'une crique assez profonde; deux digues furent en outre construites; puis l'on coula, après l'avoir rempli de terre, le navire colossal qui avait apporté d'Égypte l'Obélisque de Caligula, et, sur ce noyau, on bâtit une île pour arrêter les sables, et un phare pour guider les navigateurs.

Plus tard, l'empereur Trajan ouvrit un nouveau havre qu'un canal mit directement en communication avec la mer, et qui devint dès lors la véritable embouchure commerciale du Tibre. Ce canal, c'est le Fiumicino, qui a pris peu à peu, grâce aux érosions, la figure d'un petit fleuve sinueux. Tous ces travaux n'ont pu conjurer le progrès des ensablements; à trois reprises, la nature a anéanti l'œuvre de l'homme. Les alluvions gagnent de siècle en siècle, et prolongent toujours plus avant le triangle d'atterrissements formé au-devant de la ligne de rivage qui s'étend de Civita Vecchia à Palo, l'ex-ville étrusque d'*Alsium*, où Pompée avait une maison de campagne, et, de là, jusqu'à Porto d'Anzio.

L'emplacement de l'ancienne Ostie se trouve aujourd'hui à plusieurs kilomètres de la mer; des pâtis marécageux recouvrent les ruines du port de Claude; des bancs de sable infranchissables aux bâtiments de fort tonnage obstruent de plus en plus l'estuaire du fleuve, dont la navigation a dû se reporter tout entière par le canal. Du côté de Fiumicino, où le chenal est indiqué par des rangs de pieux que l'eau vient affouiller à la base, les progrès du delta sont d'un mètre environ par an; à l'entrée de l'ancien bras, situé à quatre kilomètres plus au sud, ils sont presque du triple.

LA PORTE SAINT-PAUL.

Si l'antique Ostie est rentrée en terre, elle revit du moins nominalement dans un village fondé au IXe siècle par le pape Grégoire IV. Il est vrai que ce village, quoique pourvu d'une citadelle et d'une

PALO.

cathédrale, n'est qu'un pauvre gîte inhospitalier, habité par une poignée de fiévreux. C'est à six kilomètres et demi de là qu'on a exhumé d'un champ de céréales et de chardons des débris de la cité d'Ancus Martius : un corps de garde, des thermes, un théâtre, un temple de Jupiter, un sanctuaire de Mithra, puis des intérieurs de maisons avec des parquets de marbre et de mosaïque, et, entre autres sculptures de prix, la *Cérès* et le *Ganimède* du Braccio Nuovo, la statue d'Auguste du corridor Chiaramonti. Les fouilles vont jusque près de Torre Bracciano, à l'endroit où l'on passe en bac l'ancien bras du fleuve vers l'île Sacrée. Bref, ce havre jadis si florissant n'est plus que le Pompéi du Tibre. Encore Pompéi a-t-il eu la consolation d'être englouti tout d'un coup, en plein frémissement de vie et de plaisir, tandis que la pauvre Ostie s'est égrugée pièce à pièce, misérablement, tristement, en voyant tomber aussi en ruines à côté d'elle la puissante cité à qui elle avait eu pour mission d'assurer l'annone.

II

Nous savons par les historiens que le Tibre était autrefois parfaitement navigable jusqu'au confluent de la Néra[1]. Tacite ne nous dit-il pas que les voyageurs choisissaient volontiers la route d'eau, de Narni à Rome, afin d'éviter la poussière et l'encombrement de la voie Flaminienne? Par contre, au-dessus d'Orte, il n'y avait plus que du flottage, favorisé, en cas de sécheresse, par des écluses qu'on laissait fermées durant « neuf jours pleins ». On croit même avoir retrouvé un vestige de ces établissements hydrauliques dans le *muro grosso* de la Chiana, près de Carnaiola. En automne et en hiver, d'immenses trains de radeaux descendaient de ce côté le cours du fleuve, car Rome avait besoin d'incessants approvisionnements de bois pour ses constructions gigantesques, et notamment pour ses maisons de location, qui étaient faites en cloisonnage et que périodiquement le feu dévorait. C'était aussi le transit fluvial qui contribuait à nourrir la ville : fruits et denrées de toute sorte lui arrivaient par des flottilles de *coches* d'eau ; *summos commeatus summo Etruriæ studio Tiberis devexit*, nous dit quelque part Tite-Live.

1. Voyez ci-dessus, page 7.

Aujourd'hui, en amont de Rome, les barques ne vont pas au delà du pont à trois arches bâti par Auguste[1], et réparé par le pape Sixte-Quint, sur lequel passait jadis le grand chemin de l'Étrurie et de l'Ombrie, la *via Flaminia* susnommée. C'était là justement, près de Borghetto, à 300 kilomètres de Florence, que se trouvait, en tout dernier lieu, la frontière des États de l'Église, et que le touriste exhibait son passeport. Sur une moitié du parcours environ les

LA MODERNE OSTIE.

barques sont remorquées par des bateaux à vapeur calant 1m,10 à peu près, ensuite elles sont halées par des buffles.

Si nous prenons le fleuve en aval de Rome, nous voyons que du temps d'Auguste les navires de guerre de tout calibre arrivaient de ce côté au cœur de la ville. C'était au Champ de Mars qu'étaient les chantiers de construction de l'État. Or le tirant d'eau d'une quinquirème par exemple était de 3 mètres au moins. Qu'était pourtant un vaisseau de cette sorte auprès de la galère monstre à seize rangs de rameurs sur laquelle le vainqueur de Persée vint chercher à Rome le triomphe ? Au IVe siècle encore, la nef qui portait l'obélisque de Latran (9000 quintaux de poids)[2] n'aborda-t-elle pas à cinq kilomètres de la ville, au *Vicus Alexandri ?*

1. Voyez ci-dessus, page 11.
2. Voyez ci-dessus, page 79.

En revanche, beaucoup de gros navires de négoce se voyaient obligés de débarder en aval des *Navalia* inférieurs, pour mettre une partie de leur charge sur allèges, ou de se faire traîner par des bœufs.

En ce temps-là, le port d'un bâtiment de commerce n'excédait guère 1200 tonnes; les grands bateaux alexandrins qui apportaient les cargaisons de blé d'Égypte correspondaient, dans la marine

GALÈRE ANTIQUE.

de l'époque, à ce que nous appelons des trois-mâts; mais tous les « approvisionneurs » n'avaient pas, tant s'en faut, la capacité de ce navire *Isis* décrit par Lucien, qui jaugeait, paraît-il, près de 1600 tonneaux et n'avait néanmoins qu'un seul mât. La plupart même étaient petits, et l'on a remarqué que, de nos jours encore, la flotte marchande italienne n'a qu'un tonnage comparativement assez faible. Pour le nombre des bâtiments (dix mille environ) elle représente en effet la moitié du trafic qui se fait sur la Méditerranée; en revanche, pour la puissance de jaugeage, elle n'en représente que le tiers.

Les anciens, nous le savons, ne naviguaient d'ordinaire que six mois de l'année. Dès que le solstice d'automne approchait, les matelots revenaient au port, tiraient à terre leurs embarcations, et, tout le temps que durait l'hiver, mettant en pratique le vers de Lucrèce :

Suave mari magno, turbantibus æquora ventis....

ils écoutaient mugir les tempêtes sans en affronter les fureurs. De plus, comme ils n'avaient point la *boussole*, et que leurs notions d'astronomie étaient aussi défectueuses que restreintes, ils n'osaient guère se risquer au large. La haute mer, qui est pour nous une promesse et un gage de sécurité, leur inspirait une extrême frayeur. Autant que possible, ils se bornaient à suivre les côtes ; ils faisaient, comme nous disons, le *cabotage*.

Pour se rendre de Grèce à Syracuse par exemple, au lieu de se lancer directement au travers de la mer de Sicile, on allait d'abord à Corcyre ; de là on gagnait la péninsule apulienne, et l'on contournait, en longeant le littoral, toute la grande courbe du golfe de Tarente.

Les Romains voulaient-ils envoyer une flotte dans les eaux du Levant, celle-ci gagnait Naples, puis Messine, d'où elle se dirigeait également sur Corcyre, pour atteindre ensuite le cap Malée le long des rivages péloponnésiens. De même, le trajet de Rome à Tarraco (Espagne) ne se faisait pas en ligne droite à travers le détroit de Bonifacio, mais en suivant successivement les côtes étrusque, ligurienne, gauloise et ibérique.

Une des routes principales du commerce était alors celle d'Alexandrie à *Puteoli* (Pouzzoles). Pouzzoles, qui n'est plus aujourd'hui qu'un repaire de mendiants, était, en ce temps-là, un port excessivement animé ; les trésors de toutes les parties du monde affluaient dans sa baie. De grands convois de navires de charge et de voiliers rapides y apportaient les mille denrées de l'Orient et de l'Asie. Ses rivages embaumés étaient en outre un des lieux préférés de villégiature des Romains opulents ; Cicéron, Pompée, Lucullus entre autres, y avaient des villas, et ce fut dans « cette Grèce de l'Italie » ainsi qu'on disait, parmi les myrtes, les palmiers, les cactus et les orangers, que Virgile écrivit ses *Églogues* et ses *Géorgiques*.

Sur la côte opposée de la péninsule, *Brundusium* (aujourd'hui Brindisi), où aboutissait la grande voie Appienne, était le port le plus important pour le transit des voyageurs. C'était là qu'on s'embarquait à destination de l'Orient. De Brindes à Corcyre on mettait une journée; d'Ostie à Puteoli, trois jours; de Zacynthe en Sicile (70 lieues), une semaine et demie. Il fallait, on le voit, un temps infini pour parcourir en son entier ce bassin de la Méditerranée, qui pour nos modernes paquebots n'est plus qu'un simple lac à franchir. Aussi les Romains, somme toute, n'aimaient-ils guère les trajets maritimes; la plupart pensaient, comme le vieux Caton, qui était

VIRGILE.

pourtant allé à Carthage, que la pire sottise que l'on pût commettre, c'était de monter à bord d'un navire quand on pouvait, d'une façon quelconque, prendre la voie de terre.

Pour en revenir au Tibre, bien que la profondeur du fleuve ait beaucoup diminué depuis les Césars, elle mesure encore 3^{m},40 à la Cloaca, et 4 mètres à Ripa Grande. L'été même, le charriage d'ondes est considérable. A partir du confluent de l'Anio, je ne crois pas que nulle part on rencontre un gué. Bref, sur un bassin total cinq fois moins grand que celui de la Seine, le cours d'eau romain roule un volume d'ondes qui équivaut à la moitié de celui de la rivière parisienne. Ses crues ont lieu en mars, décembre et janvier; ses baisses dans les trois mois d'été, avec une différence, à l'étiage, de

$2^m,50$ en moyenne. Au plus fort de la sécheresse néanmoins, on voit encore descendre à Fiumicino des steamers de 30 mètres de longueur, calant $1^m,20$ d'eau.

Dans les vieilles litanies religieuses de l'âge primitif, à savoir au temps des frères Arvales et des prêtres Saliens, le Tibre, *pater Tiberis*, était appelé la Scie (*Serra*) ou le Rongeur (*Rumon*), à cause des morsures qu'il faisait à ses rives. On l'avait aussi surnommé la Couleuvre, pour les sinuosités de son cours. De tout temps, je l'ai dit, il fut redoutable. Plutarque nous apprend que César avait eu l'intention de l'enfermer dans un canal qui, traversant les Marais Pontins, eût abouti près de Terracine. De nos jours on a cru reconnaître en son frère l'Anio le grand malfaiteur, et l'on a un instant agité la question de capter la rivière sabine et de la conduire par de vastes circuits autour de la ville. Peut-être, après tout, le seul moyen de remédier au mal serait-il de créer, si c'est chose praticable, un émissaire chargé de drainer toute cette partie de la Campagne romaine et qui viendrait déboucher en mer dans un havre d'une profondeur suffisante.

III

Deux promontoires, distants l'un de l'autre, à vol d'oiseau, de 200 kilomètres environ, le mont Argentaro et le cap Circeo, forment les limites nord et sud de la côte tyrrhéno-latine. L'embouchure du Tibre marque à peu près le point médian de ce littoral, dont la partie basse au-dessous d'Ostie est ce que l'on nomme la *Maritima*, c'est-à-dire la Campagne sise près de la mer.

Des ruines d'Ostie une chaussée nous conduit tout d'abord à Castel Fusano, relié lui-même au rivage par une magnifique avenue de chênes verts. C'est un château fort du XVIIe siècle, avec des futaies non moins belles que celles d'Arricie ; car les Chigi, ses propriétaires, se sont, je le répète, fait une loi de n'abattre aucun arbre de leurs domaines. Aussi avec quelle ampleur ces troncs puissants se poussent dans l'espace! Par malheur, les moustiques pullulent, l'été, sur cette plage laurentine, où Pline le Jeune avait la villa qu'il décrit, dans sa lettre à Gallus, avec un si grand luxe de détails que les modernes archéologues ont pu la restituer entièrement.

Ici commence la vaste forêt quasi vierge, la *Macchia*, comme on l'appelle simplement, fouillis inextricable de chênes, de pins, de poiriers sauvages, de châtaigniers, de myrtes et d'érables, entremêlés de buissons épineux, qui s'étend presque sans interruption tout le long de la mer jusqu'au promontoire circéen. Çà et là, à la lisière ou dans les éclaircies du fourré, se trouvent des fermes isolées où l'on s'occupe de l'élève du gros bétail, sans compter de nombreuses huttes de pâtres et même un certain nombre d'établissements agricoles dans la véritable acception du mot, tels que Conca, Campo Morto et Tor' del Felce. Quant à l'ex-ville de Laurentum, elle s'élevait à l'est de Torre Paterno, sur la petite éminence de tuf occupée aujourd'hui par le *casale* de Capocotta. On montre même là quelques substructions et un vieux tombeau dit tombeau d'Énée.

Nous sommes en effet, dans ce district latin, en pleine Énéide. De quelque côté que nous allions, nous nous heurtons à quelque légende célébrée par le chantre de la vieille *Ausonie*[1]. Ardée, que nous gagnons plus au sud, était jadis la cité de Turnus, le roi des Rutules. Actuellement, ce n'est plus qu'un pauvre hameau, où le touriste ne trouve pas même à coucher. Des restes de fortification ou *agger*, un vieux pont massif, et les murailles d'une *arx* haut juchée, témoignent seuls de son importance passée. De même, Porto d'Anzio, encore un peu plus bas sur la côte, n'est autre que l'ancienne ville volsque d'Antium. Là, du moins, il y a une auberge, et un service de voitures correspond avec la station de la Cecchina, où passe la voie ferrée de Rome à Naples.

Soumise à grand'peine par les Romains, qui brûlèrent, on le sait, les vaisseaux des Antiates, et en emportèrent comme trophées les *rostres* ou éperons d'airain dont fut ornée la première tribune aux harangues dressée sur le côté nord du Forum, la localité ne tarda pas à redevenir florissante, grâce à son air vif et salubre. Sur cette

1. Ce nom d'*Ausonie*, qui finit par être appliqué à l'Italie entière, n'appartenait primitivement qu'au pays des Aurunces, situé près de la mer, entre la Campanie et les Volsques.

plage, où maintenant encore il y a une station de bains de mer, les fastueuses résidences se multiplièrent. Aussi que de trésors d'art on pourrait sans doute exhumer de ce coin de terre qui déjà, en fait de statues, nous a livré le *Gladiateur mourant* et l'*Apollon du Belvédère!*

Le richissime Cicéron, qui savait apprécier les bons sites, ne manqua pas d'avoir là une villa. Néron y en eut une aussi. Aujourd'hui que le temps, aidé des hordes de Sarrasins, a tout nivelé sur cette côte latine, où la mer bleue continue néanmoins, comme aux

LA VILLA DE PLINE RESTITUÉE.

siècles d'Énée et de Virgile, à bruire le long des vastes pineraies, nous ne pouvons même plus nous faire une idée de ce qu'étaient ces palais de campagne. Aussi bien que les parcs décrits ci-dessus[1], chacun d'eux représentait tout un monde.

La villa, c'était la *maison romaine*, mais amplifiée en même temps qu'embellie au delà de toute imagination. Vous connaissez la maison romaine; rien chez nous ne correspond à ce genre de bâtisse compliqué et luxueux? Il y avait d'abord l'*area*, premier lieu de

1. Voyez p. 228 et suivantes.

station pour les clients et les visiteurs qui, le matin, attendaient le réveil du maître. Au milieu de ce vestibule d'entrée se dressait d'ordinaire la statue du seigneur de céans. De là, un couloir pavé, qu'on appelait *prothyrum*, conduisait à la porte intérieure qui donnait accès dans l'*atrium*, portique de réception couvert et décoré de colonnes de marbre, avec des peintures aux murailles. L'aire centrale, vide et non pavée, c'était la cour, *impluvium;* un jet d'eau y jaillissait d'un bassin ou d'une vasque. Sur l'*atrium* s'ouvraient les différentes pièces du logis : le *tablinum*, qui contenait les archives de la famille, les *triclinia* ou salles à manger somptueusement meublées, les cuisines, les *equilia* (remises et écuries), la *pistrina* ou boulangerie, puis les logements des esclaves, etc.

Tout cela, ce n'était en quelque sorte que la partie publique de l'habitation. Pour se rendre aux appartements privés, il fallait traverser des corridors dits *fauces*, ménagés de chaque côté du *tablinum*. On trouvait alors le *péristyle*, enceinte à colonnes ainsi que l'*atrium*, avec un *xyste* ou parterre composé d'arbustes toujours verts qu'égayait et rafraîchissait une fontaine; puis le logis des femmes (*œci*), la bibliothèque, l'*exèdre*, grande galerie artistique qui était à proprement dire le salon, les bains, et enfin, autour d'un second atrium plus petit, les *cubicula* ou chambres à coucher. Les *Pénates*, les *Lares domestiques*, dont le siège était au foyer, figuraient les *sacra privata* de la famille. Les *Lares* particulièrement, qu'on représentait drapés à l'antique mode, *cinctu gabino*, c'est-à-dire la toge retroussée, telle qu'on la portait soit en campagne, soit en voyage[1], étaient les mânes de la maison élevés à la dignité de héros[2]. Et toutes sortes de divinités infimes, de concert avec le *custode* ou portier et le chien logés en dedans de l'*area*, gardaient cette résidence patricienne : tels étaient, pour ne prendre qu'une trinité au milieu de cet Olympe domestique, *Forculus*, le dieu des portes, *Limentinus*, celui des seuils, et *Cardea*, la déesse des gonds[3].

Or la *villa*, née à une époque où le luxe et le goût de la volupté

1. *Succinctis Laribus*, comme dit Perse.

2. Étymologie du mot, l'étrusque ἄναξ, qui signifie ἥρως.

3. De même, dans l'ordre rustique, on distinguait entre *Seia*, la déesse des blés semés; *Segetia*, celle des blés bons à couper; et *Tutelina*, celle des blés récoltés et rentrés. Rappellerai-je qu'il existait jusqu'à une déesse des cloaques, *Cloacina?*

avaient achevé de pénétrer dans les mœurs, reproduisit ces splendeurs urbaines, en y ajoutant d'autres raffinements qui s'harmonisaient avec un milieu où d'ailleurs on disposait de plus d'espace. La modeste fontaine de la cour y fut remplacée par tout un système

SALLE D'UNE MAISON ROMAINE.

d'eaux vives qui s'en allaient, bondissant et chantant, irriguer pêle-mêle logis et jardins. Les *triclinia* s'agrandirent, eux aussi, et un faste extrême fut déployé rien que pour les sofas (*accubita*) disposés autour de la table à trois pieds, une merveille d'exécution d'ordinaire, devant laquelle le maître occupait la *place consulaire*.

De riches peintures, inspirées des vieux mythes, représentant l'âge d'or saturnien, les Océanides avec Prométhée, la fable de Phaéton et de ses sœurs, Térée changée en oiseau, ou les scènes du labeur champêtre agrémentées de jeux, de danses et de sacrifices, bref la nature tour à tour aimable ou terrible, telle que le poète Lucrèce l'a chantée, et avec ses métamorphoses infinies, telles qu'un autre poète, Ovide, les a peintes, tout cela se fixa en visions riantes ou sublimes aux murailles lambrissées et dorées de la villa. Puis, de plus en plus, les dépouilles du monde emplirent à profusion de trésors, de tableaux, de statues, de vases précieux, ces maisons d'été aristocratiques. Que voulait le sage lui-même, sinon ressembler le plus possible aux dieux? Et quoi de plus divin ici-bas que la contemplation et la possession de ces chefs-d'œuvre d'art de toute sorte où se reflète comme une pensée surhumaine?

Si, comme c'était le cas pour les villas de la côte laurentine et pour celles des rivages campaniens, la mer frémissait au pied des jardins, un escalier de marbre dont les dernières marches semblaient se perdre sous les vagues et figurer l'entrée mystérieuse du palais même des Néréides, conduisait le maître à sa barque de plaisance, *scapha* légère à la voile de lin, blanche ou pourpre selon le caprice, ou lourde *thalamègue* à deux rangs de rames, avec une proue sculptée en oiseau. De là, pendant que peut-être passaient au large les trirèmes bruyantes de la flotte, il n'avait qu'une signe à faire aux esclaves pour s'élancer sur la nappe d'azur.

IV

Au pied occidental de la chaîne Volsque s'étend, depuis les environs de Cisterna jusqu'à Terracine, sur 32 kilomètres de longueur et 10 ou 12 de largeur, une vaste plaine conquise sur la mer par les alluvions venues des montagnes : c'est ce qu'on nomme les Marais Pontins, dans l'antiquité *Campi Pomptini*.

Qui n'a pas vu l'immense *palus* n'en a qu'une idée tout à fait erronée.

On se figure généralement cette partie de la Campagne romaine comme un district essentiellement sinistre et désert, où l'on ne perçoit de tous les côtés que des images de désolation et de mort. Or c'est au contraire une région extrêmement avenante et fertile, aux aspects plutôt hollandais qu'italiens, et où, même au cœur de l'été, on trouve abondance de gramens et de fleurs. Le marécage existe, mais caché la plupart du temps sous un feutre épais de végétation : *latet anguis in herba.* Les foyers de pestilence ne manquent pas, seulement ils se dissimulent dans le fourré, où errent et pataugent par troupes, en compagnie de sangliers et de cerfs, ces buffles noirs à demi sauvages dont la race a été importée d'Afrique il y a mille ans. En mai et en juin surtout, aussi loin que porte le regard, c'est un véritable océan de verdure. Mais, à mesure que la chaleur devient plus torride, l'insidieux Eden se change en un Tartare. De cette grande ligne arborescente qui se déploie parallèlement au rivage, comme du festonnement sauvage de bruyères, de lentisques et d'herbes aux âcres senteurs qui compose la sous-végétation de la plaine, se dégagent des souffles de *malaria.* Les flots jaseurs de chaque ruisseau se changent en autant de globules bouillonnants parmi lesquels naît l'algue douce aux spores empestées. Avec les nuages, des essaims de mouches noires s'échappent de ces infectes lagunes; avec le soleil, de chaque rigole et de chaque plante jaillit le miasme de fièvre. C'est en vain que le Campagnol essaye de braver le « mauvais air ». Chaque hutte paye son tribut au fléau; il faut, l'heure venue, émigrer ou mourir.

Comment cette région pontine, si prospère au beau temps des Volsques, et qui charme tant le regard quand on la traverse par la voie Appienne, s'est-elle changée en une solitude habitable seulement aux bêtes fauves?

La formation du marécage tient à deux causes qui agissent d'une manière concomitante et inverse. Les molécules arénacées que la mer apporte au rivage y élèvent des barrages de dunes qui s'étendent d'Astura à Monte Circeo. D'autre part, les afflux d'ondes venus des montagnes, ne trouvant pas d'écoulement sur la plage dénuée de pente, s'y étalent en flaques croupissantes, qui ont parfois une hauteur de deux mètres. On conçoit quels effluves empoisonnés s'exhalent, pendant les chaleurs estivales, de ces cuvettes au contenu stagnant. Ajoutez que les plantes vivaces nées de cette terre brûlante et humide, où se mélangent sans cesse les eaux douces et les eaux marines, créent de leur détritus d'épaisses couches de tourbe qui exhaussent d'autant le niveau du sol et qui s'enflamment à la moindre étincelle, quand il n'y a pas combustion spontanée.

Jules César voulait dessécher les Marais Pontins; la mort l'empêcha de réaliser ce projet, comme maint autre. Du temps d'Auguste on établit de nombreux canaux de dérivation au travers du marécage et des dunes; mais ces travaux ne donnèrent pas le résultat qu'on en avait espéré; les plantes palustres obstruèrent les rigoles de leurs inextricables fourrés. Un jour vint, sous les Goths, où la voie Appienne elle-même ne fut plus praticable, et où le transit entre Rome et la Campanie dut infléchir par les pentes des monts. Dès lors il fallut bien aviser, et ce fut le roi barbare Théodoric qui entama les travaux d'assèchement sur le parcours de la grande chaussée, comme en témoignent deux inscriptions que le touriste peut lire à Terracine.

Reprendre et terminer cette grande tâche fut aussi le rêve favori de tous les papes. Seul Pie VI put s'en occuper. Non seulement il fit restaurer définitivement la *via Appia*, mais encore il entreprit des drainages qui eurent pour effet de convertir en terre labourable une notable portion du *palus*. La *Maritima* néanmoins ne fut pas assainie. Aujourd'hui encore on y court risque de mort en dormant la nuit sans feu en plein air. Partout du reste dans la *Campagna* les refroidissements du soir sont dangereux. Qui n'a pas vécu sous ce ciel du Midi ne sait pas avec quelle rapidité s'y fait la transition du jour aux ténèbres; le crépuscule n'y dure que quelques secondes, et tout de suite une fraîcheur intense y succède. C'est là le secret de bien des accès de fièvre.

A Rome même, et en toute saison, l'étranger doit se méfier des brusques changements auxquels, le matin et le soir surtout, la température est sujette. Ces variations viennent de ce que la ville, échancrée justement par la brèche du Tibre dans la direction du nord-est au sud-ouest, s'ouvre à la fois aux vents froids et secs qui passent au-dessus de la chaîne apennine et aux courants d'air tièdes et humides qui soufflent de la *Maritima*[1]. C'est aussi ce qui explique l'abondance de vapeurs, magnifiquement colorées du reste, que présente l'atmosphère relativement moite de la Ville Éternelle. Le ciel n'y a jamais la pureté que l'on admire tant à Naples; la lumière y est également plus douce et plus tamisée.

Rappelons, à ce propos, que les anciens Romains classaient leurs souffles régionaux en une rose de huit ou dix vents, dont quatre étaient dominants pour eux. Cette répartition n'a pas cessé d'être exacte.

Le Zéphyr, c'est le vent d'ouest, caressant ou tempétueux tour à tour. L'Aquilon ou Borée, c'est le vent du nord ou d'amont, *vento da terra*, que l'on appelle aujourd'hui *tramontane*, et qui chasse les nuages en amenant le froid. Ce dernier souffle, réputé sain, domine dans les mois de décembre et de janvier; mais dès février il diminue d'une façon très sensible, et les amandiers commencent à fleurir. C'est en effet de la première décade de ce mois que les Romains dataient leur printemps; les hirondelles alors revenaient, comme elles reviennent encore aujourd'hui avec cette haleine de *favonius* (le *fœhn* de la Suisse).

En mars, les vents du midi ou du large (*venti da fuori*), ou les vents de l'équateur, comme nous disons en langage technique, engagent le combat avec ceux du pôle qu'ils refoulent. C'est, par exemple, l'*africus* d'Horace, aujourd'hui *libeccio*, qui, venant du sud-ouest, aborde avec une violence extrême la côte tyrrhénienne. En avril, le courant du sud proprement dit prend définitivement le dessus, et, dans les quatre mois suivants, il règne deux jours sur trois en moyenne : alors apparaissent les miasmes et la fièvre. Les anciens lui appliquaient soit la désignation d'*auster* lorsqu'ils voulaient le caractériser comme un agent de chaleurs étouffantes, — *plumbeus auster*, dit encore Horace, — soit celle de *notus* lorsqu'il apportait la pluie et l'orage. Actuellement on l'appelle, de son nom arabe, *scirocco*, et quiconque ne l'a point subi ne saurait s'en faire une idée. Par bonheur, il ne dure au plus que trois jours.

Beaucoup plus tenace est le *mistral* ou vent du nord-ouest, qui a

1. Rome recevait sans doute autrefois beaucoup plus de pluies qu'aujourd'hui, car Pline l'appelle *urbs nimbosa*. Il est vrai que le pays était alors très boisé.

un caractère tout à part. Son empire atmosphérique comprend tout l'espace qui va des Cévennes et de l'embouchure de l'Èbre à la côte de Gènes ; seulement il ne souffle que sur terre, et, en dépit de sa violence, son action est bienfaisante et salubre. C'est le vent par excellence de la Gaule Narbonnaise, le *ventus gallicus* de Sénèque (*Quæstiones naturales*), et il règne plus de cent cinquante jours par an à Marseille. Caton l'Ancien parle de ce vent dans ses *Origines ;* il l'appelle *ventus cercius*, et dit avec raison qu'il « vous emplit la bouche quand on parle, *cum loquare buccam implet* ».

V

Pour être au terme de notre voyage, il ne nous reste plus qu'à longer l'étroite bande de rivage qui s'étend, à l'ouest des Marais Pontins, de la tour d'Astura aux rochers de Terracine. Sise à l'embouchure du fleuve de même nom, un de ces ruisseaux de montagnes qui, comme l'Ufens et l'Amasenus, dont le double sillon est un peu plus bas, ont à peine assez de pente pour couler, Astura n'est elle-même qu'un rocher rattaché à la côte par un pont. C'est sur cette plage morne et déserte que mourut Tullia, fille de Cicéron ; c'est là, dans le donjon des Frangipani, que le jeune Conradin, dont on a ci-dessus retracé la courte et triste épopée, vint se jeter dans le piège final ; c'est là aussi, au milieu des miasmes paludéens, qu'Auguste et Tibère prirent le germe du mal qui les emporta.

Un enchevêtrement de monticules de sable doublés de *macchie* et de marécages (lacs de Fogliano et de Paola) sépare Astura du cap Circeo ; aussi, pour atteindre ce dernier promontoire, choisit-on le plus souvent la voie de mer ; cependant le trajet, tout le long de la côte, se peut faire à cheval aussi bien qu'en voiture. Dans l'antiquité, il y avait même là, derrière les dunes, une route, la *via Severiana*, qui contournait les roches circéennes et gagnait Terracine. Les stations successives, du nord au midi, étaient Antium, Astura, Clostra romana, Circeii, ad Turres. Le lac de Paola, que domine la

TERRACINE.

tour du même nom, est la dernière cavité palustre que l'on rencontre de ce côté. Dans le miroir mélancolique de ses eaux se reflètent deux vieilles églises, Santa Paola et Santa Maria della Surresca. Une belle forêt, la *Selva plana*, où paissent des troupes de moutons et de bœufs, escalade de là les pentes de l'idyllique promontoire auquel, de ce pas, nous voici parvenus.

Depuis les temps les plus reculés, la légende de la magicienne Circé plane sur ce haut éperon du rivage, qui, avec ses épaisses futaies, ses plantes aux senteurs balsamiques, ses grottes agrémentées de stalactites, — une de ces cavernes porte encore le nom d'antre de l'enchanteresse, *grotta della Maga*, — a en effet des attraits sans pareils. J'ai dit qu'aux siècles préhistoriques ce morceau de terre fut une île, tout comme Ponza et Zannone, plus au sud; j'ajouterai que son rattachement à la côte tyrrhénienne remonte sans doute à une époque bien antérieure à celle de l'Odyssée.

Les anciens géographes disent qu'on y montrait, dans un temple de Minerve, la coupe où le divin Ulysse avait bu. Une chose qui paraît plus certaine, c'est qu'il y eut là autrefois une ville. Elle s'appelait *Circeii* ou *Circæum*, et était volsque, comme Anxur sa voisine. Les Romains la conquirent, comme de juste, et y établirent une colonie. Cette cité-là, j'imagine, ne fut jamais ni grande ni puissante; elle se rattrapait sur le charme du site. Lucullus en savait quelque chose, puisqu'il mit au pied du cap ses pêcheries, et, de plus, s'y bâtit un villa où, par parenthèse, a été retrouvé le *Joueur de flûte* du Braccio Nuovo. L'ex-triumvir Lépide y vécut également au lendemain de sa grandeur.

Sur les ruines de la ville, détruite probablement par les Goths, s'élève actuellement le bourg de San Felice, dont le noyau primitif fut sans doute la vieille citadelle aux murs cyclopéens qui passe pour la plus forte des Marais Pontins. La commune de Terracine, les comtes de Gaëte et ceux de Fondi se battirent pour la possession de cette bourgade, dont les papes, de leur côté, revendiquaient la suzeraineté. Au douzième siècle, les Normands s'en emparèrent au passage; puis, à la fin du même siècle, les Frangipani, qui déjà détenaient Astura et plusieurs autres territoires sur la côte latine, en devinrent les maîtres provisoirement. Elle fit ensuite retour à l'Église sous Innocent III. Ce n'était pas encore le terme de ses vicissitudes politiques, car au dix-huitième siècle on la retrouve en la puissance des Orsini, et en 1808 aux mains du prince Stanislas Poniatowski. Ce magnat garda quatorze ans la terre de Circé, qui en 1822 revint au pape. Depuis la chute du pouvoir temporel, le roc fait partie du domaine de l'État.

Au pied du cap est la tour Vittoria, construction carrée qui sert d'abri à l'employé de la douane de San Felice. L'étroit sentier qui y conduit, à travers des buissons de myrtes et de lentisques, rappelle un peu les sites de Capri. La roche ici plonge à pic dans l'écume des vagues ; pas le moindre port sur la rive.

La bourgade elle-même, qui occupe un plateau assez large au-dessus de la grande mer bleue, n'a que quelques rues à angle droit que dominent le château baronial, l'église, et, de plus haut encore, les restes de la vieille citadelle pélasgique. Les habitants, au nombre de 1200 environ, sont laboureurs et viticulteurs, car les campagnes sises au bas du rocher sont fertiles à souhait.

Le cap forme une grande intumescence dont le relief culminant est à l'ouest. De splendides fourrés de chênes-lièges (*quercus suber*) en couronnent le front. Dans les parois crevassées de l'âpre falaise croît à l'état sauvage le palmier éventail (*chamærops humilis*). C'est à Circeo que les jardiniers de Rome vont d'ordinaire chercher cette essence ; les exemplaires du Pincio en proviennent. Au printemps, myrtes et cistes égrènent dans l'air leur fleurs blanches ou rouges, tandis que le caroubier à siliques secoue au vent les fines pennes de sa tête, et que, du sol redevenu plus sec, s'élance l'agavé aux rigides aiguillons.

Du point le plus élevé de la pyramide, l'œil embrasse un panorama qui s'étend de Rome au Vésuve. En face de soi, au pied des monts des Aurunces, on a Terracine (l'ex-*Anxur*), qui formait la frontière des États de l'Église et des Deux-Siciles; un peu plus loin, au delà de l'étroit défilé côtier dont j'ai déjà parlé ci-dessus[1], sont et l'ancienne côte d'*Amyclæ* et la petite ville de Fondi, à savoir la région du fameux *Cécube*, un cru encore estimé de nos jours. C'était là, soit dit en passant, que le fameux chef de bandes *Fra Diavolo*, qui, de son vrai nom, s'appelait Michel Pezza, avait jadis son quartier géné-

1. Voyez page 197.

FLORE CIRCÉENNE.

ral d'où il razziait tous les chemins d'alentour. Plus loin encore, voici l'ex-Formies, actuellement Mola, puis Gaëte, fondée par Énée « en l'honneur de *Caieta* sa nourrice », et la vieille Minturnes (Tractto), toute proche de l'embouchure du Liris; puis de l'autre côté de la rivière, l'ex-Sinuesse, maintenant Mondragone : bref, toute cette partie de « l'heureuse Campanie » qui porte le nom de Terre de Labour (*Terra di Lavoro*). Regardez enfin tout là-bas : du sein de la mer azurée et luisante, émerge distinctement l'île d'Ischia...

Adieu donc, montagnes des Sabins, marais des Volsques et nids des Herniques ! Salut à vous, baies napolitaines qui nous envoyez cette brise parfumée! Le touriste ingrat oublie le Latium, dès qu'il aperçoit le jardin de Parthénope.

FIN

TABLE

PREMIÈRE PARTIE

ROME

CHAPITRE PREMIER

CHAPITRE II

CHAPITRE III

CHAPITRE IV

CHAPITRE V

CHAPITRE VI

CHAPITRE VII

CHAPITRE VIII

CHAPITRE IX

DEUXIÈME PARTIE

LA CAMPAGNE

CHAPITRE X

CHAPITRE XI

CHAPITRE XII

CHAPITRE XIII

FIN DE LA TABLE

BOURLOTON. — Imprimeries réunies, B.

www.ingramcontent.com/pod-product-compliance
Ingram Content Group UK Ltd.
Pitfield, Milton Keynes, MK11 3LW, UK
UKHW020308230726
13925UKWH00001B/294

9 782013 670760